Didaktische Spiele

Didaktische Spiele

Für Familie
Kindergarten und Hort
Schulkindergarten und Vorschulklasse

Ausgearbeitet
unter der Redaktion von Dr. Marga Arndt

Ernst Klett Verlag Stuttgart

Didaktische Spiele

Autoren:
Studienrat Dr. paed. Marga Arndt, Leiterin der Redaktion Vorschulerziehung, Volk und Wissen Verlag, Berlin;
Dr. paed. Gertrud-Marie Brumme, Lehrerin an der Pädagogischen Schule für Kindergärtnerinnen, Leipzig;
Dipl.-Päd. Irmtraud Zimmer, wissenschaftliche Mitarbeiterin des Instituts für Psychologie der Humboldt-Universität, Berlin;
Oberstudienrat Lieselotte Krisch †;
Waltraut Singer, Kindergärtnerin, Redakteur der Redaktion Vorschulerziehung, Volk und Wissen Verlag, Berlin;

Gestaltung der Zeichnungen:
Gerda Brähmer

Übersetzungen:
Dr. Eva-Maria Pietsch, Margot Lange

Bearbeitung für die Ausgabe des Klett Verlags: K. v. Winterfeld
und die Verlagsredaktionen

3. Auflage 1971

Lizenzausgabe mit Zustimmung des Volkseigenen Verlages Volk und Wissen, DDR – Berlin
Satz und Druck: Courier Druckhaus Ingolstadt
ISBN 3-12-92189 0-4

Inhaltsverzeichnis

Vorwort

„Didaktische Spiele“ erschien 1964 bei Volk und Wissen, dem Volkseigenen Verlag in Berlin. Das vorliegende Buch bietet eine bearbeitete und gekürzte Fassung für die Bundesrepublik, nicht eine grundlegende Neubearbeitung.
Aus welchen Einsichten ergab sich das Bemühen um diese Übernahme? Die Bedeutung der vorschulischen Lebensjahre für die geistige Entwicklung des Kindes ist erkannt worden. Es gilt, an das Lernbedürfnis und die hohe Lernfähigkeit der 4-, 5- oder 6jährigen anzuknüpfen, um sie zu grundlegenden Einsichten, zu besserem Orientieren in der Umwelt zu führen. Das Spiel, hier das didaktische Spiel, ist eine dem Kind angemessene Form für diese Bildungsabsicht. Typische Arbeitsformen und Verhaltensweisen können „eingespielt“ werden. Die folgende Arbeit soll dazu anregen, didaktische Spiele bewußter und systematischer als bisher in den Erziehungsprozeß einzuplanen. Sie dient – sei es im Elternhaus, sei es in den vorschulischen Einrichtungen – der sinnvollen Beschäftigung mit dem Kind.
Beziehen wir uns beim Vorschulkind hauptsächlich auf die 5- bis 6jährigen, so rechtfertigt sich der Übungscharakter vieler dargebotener Spiele. Bei Kindern dieser Altersgruppe kann man schon die Bereitschaft zu gezielterem Lernen erwarten, während dem jüngeren Kind noch das „indirekte“ Lernen entspricht.
Bei aller Sorgfalt, mit der wir den Einsatz des didaktischen Spiels pflegen, sollten wir uns stets vergegenwärtigen, daß wir hier nur eine der Bildungsmöglichkeiten für die Vorschulzeit wahrnehmen. Das schöpferische Spiel, das selbständige Sammeln von Erfahrungen bleiben von unverminderter Bedeutung. Daraus schließt für die praktische Arbeit, daß wir innerhalb einer Unterrichtseinheit den verschiedenen Formen begegnen: dem aufgelockerten Spiel kann die gezielte Übung folgen, der Erkundungsgang kann im Spielkreis vertieft werden.
Möge der Leser – neben einem Einblick in die intensive Vorschularbeit der DDR – Vorschläge und Ideen aufnehmen, die das Entwickeln neuer Lehrformen für die vorschulische Erziehung vorwärtstreiben.

Wesen des didaktischen Spiels

Schon das Attribut „didaktisch“ besagt, daß es sich um Spiele mit lehrhaftem Charakter handelt. Sie bauen auf dem Spielbedürfnis der Kinder auf und werden von ihnen auch als Spiel erlebt. Dem Erzieher dienen sie als Mittel der Bildung und Erziehung.

Alle Erfahrungen, die ein Mensch von klein auf macht, das heißt also alle Kenntnisse, Fähigkeiten, Fertigkeiten, sollen ihm helfen, sich im Leben, das die vielfältigsten Anforderungen stellt, zurechtzufinden.

Das *didaktische Spiel*, vom Erzieher gestaltet, schafft Situationen, in denen die Kinder all ihr bisher erworbenes Wissen und Können anwenden können. Didaktische Spiele sind hervorragend geeignet, das Lernen der Vorschulkinder zu unterstützen. Betrachten wir die pädagogisch gelenkten Lerntätigkeiten und vergleichen sie von ihrer Zielrichtung her, dann läßt sich feststellen, daß in zweierlei Weise gelernt werden kann [1]. Die Tätigkeit der Kinder kann *direkt* auf den Erwerb bestimmter Kenntnisse, Fähigkeiten und Fertigkeiten gerichtet sein, „... zum anderen können sich bestimmte Elemente von Wissen und Können (gewissermaßen ‚nebenbei‘) ergeben, ohne daß die betreffende Tätigkeit gerade auf den Erwerb dieses Könnens und Wissens gerichtet war; damit wurde es *indirekt* erworben“[2]. Zu solchen Tätigkeiten gehören neben allen Formen produktiver Arbeit – die Spiele. Beide Arten des Lernens gehen ineinander über. Der Erzieher muß das indirekte und direkte Lernen im sinnvollen Wechsel zueinander organisieren. Das didaktische Spiel unterstützt, so gesehen, den Übergang vom Spiel zum Unterricht.

Bei einer reizvollen Spielaufgabe nehmen die Kinder freudig am Spiel teil. Doch nicht nur die Aufgabe, die Spielidee, sondern auch die Art und Weise des Spiels muß für die Kinder Aufforderungscharakter haben. Daher muß bei der Gestaltung didaktischer Spiele beachtet werden, daß sie lustbetont sind. Das wird vor allem durch eine richtige pädagogisch-methodische Gestaltung der Spielhandlung erreicht. Aber auch die Farbig-

---

[1] Vgl. Rubinstein, S. L.: Grundlagen der allgemeinen Psychologie. Verlag Volk und Wissen, Berlin 1958, S. 737/738

[2] Direktes und indirektes Lernen. In: Psychologische Hilfen für den Unterstufenlehrer. Verlag Volk und Wissen, Berlin 1963, Abt. I, Heft 1

keit und Plastizität des Materials, dem Vorschulkind angepaßtes, unkompliziertes und übersichtlich gestaltetes Material und seine dem Erlebnisbereich des Vorschulkindes entnommene Thematik spielen eine gewichtige Rolle. Diese zur Tätigkeit auffordernden Besonderheiten des didaktischen Materials, seine Beweglichkeit – es fehlt etwas, das ergänzt werden muß, bewegliche Figuren können versetzt werden usw. – regen die Kinder unmittelbar an.

Doch beschäftigen wir uns näher mit der Frage, wie Aufbau und Struktur des didaktischen Spiels seine zugleich anziehende und anregende Kraft bestimmen: E. I. Udalzowa [3] stellt die Bildungsaufgabe, den Inhalt, die Spielregeln und die Spielhandlungen als charakteristische Besonderheiten des Aufbaus didaktischer Spiele heraus.

Die Bildungsaufgabe gibt an, welche Kenntnisse der Kinder aus dem Leben der Menschen, von der Arbeit, von der Natur usw. vertieft werden sollen. Aus ihr geht hervor, daß in den Spielen die Erfahrungen der Kinder geordnet und ihre Vorstellungen systematisiert werden. Ferner ist ersichtlich, daß sich bestimmte Fähigkeiten und Fertigkeiten herausbilden sollen: Die Spiele lehren die Kinder, zu denken, zusammenhängend zu sprechen, schnell zu kombinieren, zu beobachten, sich räumlich zu orientieren und selbst zu organisieren.

Der Aufgabe, der das didaktische Spiel dient, ist nicht nur intellektuell bildender Wert beizumessen. In jedem Spiel wird von den Kindern ein bestimmtes Verhalten gefordert, werden ihre Beziehungen zueinander durch Regeln bestimmt. Didaktische Spiele begünstigen die Bildung von Kindergemeinschaften; im gemeinsamen Spiel, bei der Kontrolle des Spielverlaufs und der einzelnen „Spielleistungen" üben die Kinder, ihre eigenen Interessen mit denen aller abzustimmen. Dabei entwickeln sich positive Charaktereigenschaften der kindlichen Persönlichkeit. Die Spielregeln erfordern, ehrlich zu spielen, sich beherrschen zu können und sich über Erfolge anderer Kinder zu freuen.

Von den Bildungs- und Erziehungsaufgaben ausgehend, werden Spielideen, Spielhandlungen und Spielregeln gefunden, die der Erfüllung der Aufgaben dienen.

Didaktische Spiele besitzen vor allem Regelcharakter. *Die Spielregeln* sind Forderungen, die für alle Mitspielenden gelten, nach denen die Aufgabe zu lösen ist und die die Tätigkeit der Kinder im Spiel lenken. E. I. Udalzowa mißt den Regeln große Bedeutung bei:

---

[3] Udalzowa, E. I.: Charakteristische Besonderheiten des Aufbaus didaktischer Spiele. In: Informationsmaterial aus der pädagogischen Literatur der Sowjetunion und der Länder der Volksdemokratien. Verlag Volk und Wissen, Berlin 1961, Heft 32, S. 48

„Die Regeln sind das organisierende Element des Spiels: Sie legen fest, was im Verlaufe eines bestimmten Spiels getan werden soll und wie das zu geschehen hat ...“[4] Sie organisieren damit sowohl die sozialen Beziehungen während der Tätigkeit als auch die geistigen Prozesse, die angeregt und in bestimmter Weise beeinflußt werden sollen.

Die Spielregeln müssen eine vielfältige Tätigkeit herausfordern und so beschaffen sein, daß das manuelle Tätigsein der Kinder ständig mit Denkaufgaben verbunden wird.

In dem Spiel „Für jede Frucht ein Blatt“ (S. 93) wird durch die Spielregeln der Denkprozeß ausgelöst. Die Kinder müssen die Blätter der entsprechenden Frucht richtig zuordnen, denn sie bezahlen zum Beispiel für Kastanien Kastanienblätter. Nach der empfangenen „Ware“ müssen sie die gleiche Menge Blätter abzählen. Die Regeln für ihre übernommenen Rollen als Käufer und Verkäufer zwingen sie dazu, sich höflich zu benehmen, „bitte“ und „danke“, „guten Tag“ und „auf Wiedersehen“ zu sagen.

Die Spielregeln tragen entscheidend dazu bei, das Spiel lustbetont zu gestalten. Sie müssen deshalb vor allem verständlich und für die Kinder überschaubar sein.

Wir beobachten, daß Kinder, die aus der Familie direkt in den Kindergarten kommen, zunächst ungern an Regelspielen teilnehmen, weil sie die Regeln nicht beherrschen. Sie werden dann hin und her geschoben, wenn sie „dran“ sind, „hier oder da hingehen“, dies oder jenes tun sollen. So entsteht bei diesen Kindern Unsicherheit und das Gefühl der Unselbständigkeit. Deshalb ist es richtig, den jüngeren Kindern nur wenig Spielregeln zu geben (siehe Tabelle S. 35) und dafür zu sorgen, daß die Regeln zum Kenntnisschatz der Kinder werden, ja fast Fertigkeitscharakter annehmen. Dazu gehört, daß die Regeln den Kindern vor dem Spiel bewußt sind, daß sie richtig erklärt und im Spiel genügend oft geübt werden.

Die Spielregeln sind immer den Leistungsmöglichkeiten der Kinder entsprechend zu gestalten. Wenn ein didaktisches Spiel von den Kindern „gekonnt“ wird und keine neuen Anforderungen hinzutreten, wird es für die Kinder langweilig und meistens nicht mehr gern gespielt. Deshalb kommt es darauf an, den richtigen Moment abzupassen und durch eine veränderte Spielregel das Spiel zu erschweren. So stellt zum Beispiel die veränderte Spielregel bei dem Spiel „Selbstbedienungsladen“ (S. 136) die Kinder vor eine neue Aufgabe. Zunächst fordert sie, die Stempel auf den Verkaufspackungen zu zählen und genausoviel Spielmarken dafür zu geben. Die variierte Spielregel verlangt, die Summe der Stempel von zwei

---

[4] Udalzowa, E. I.: a. a. O. S. 48

Packungen zusammenzuzählen und dementsprechend zu bezahlen. Die Spielregeln sind also veränderlich und können zu einer schwierigeren Aufgabe, zu einem anderen Inhalt und einer veränderten Spielhandlung führen.

Von allen Kindern ist zu fordern, daß sie die Spielregeln einhalten. Beobachtungen haben ergeben, daß es den jüngeren Kindern häufig schwerfällt, sich fortwährend nach den Spielregeln zu richten, während ältere Vorschulkinder immer mehr bestrebt sind, die Regeln einzuhalten, und sich auch gegenseitig kontrollieren [5].

E. I. Udalzowa äußert im Hinblick auf das Einhalten der Spielregeln einen wichtigen Gedanken. Sie führt aus, daß bei Spielen, deren Regel unmittelbar auf das Erfüllen der Bildungsaufgabe gerichtet ist, die Regeln nicht so gern eingehalten werden wie die Regeln, die allmählich und durch einen interessanten Spielinhalt die Kinder an die Bildungsaufgabe heranführen [6]. Spiele, in denen durch die Regel den Kindern sofort eine didaktische Aufgabe gestellt, also zum direkten Lernen aufgefordert wird, sind zum Beispiel: Was ist woraus gemacht? – Wer oder was ist das? – Wer merkt sich das? – Blättertausch. Obwohl ein Spielergebnis das Ziel der Handlung ist, zum Beispiel ein Pfand zu geben oder Sieger zu sein, steht zunächst die Lernaufgabe im Vordergrund. Eine Regel, die sich auf die Handlung des Spiels bezieht, stellt die Kinder nur indirekt vor eine Aufgabe. Verlangt die Spielregel zum Beispiel, daß der „Hase" in den Kreis springen und Futter holen darf, während der „Schneemann" schläft, der „Schneemann" dann erwacht und feststellt, welches Gemüse fehlt, so wird ein interessantes Spiel entstehen. Deshalb sind die Spielhandlungen ebenso wie die Spielregeln bedeutsam, die das indirekte Lernen unterstützen, die Kinder zum spielenden Lösen auch schwieriger didaktischer Aufgaben führen und durch phantastische und schöpferische Momente das Spiel reizvoller gestalten.

Im Hinblick auf die Aufgabenstellung, die den Kindern gegeben wird, haben auch solche Spielregeln ihren Wert, die unmittelbar und direkt zur didaktischen Aufgabe führen, denn die Kinder sollen sich daran gewöhnen, sachliche Aufgaben zu lösen. Aber auch bei solchen Spielen muß es noch genügend anreizende Regeln geben (Wettbewerb, Pfand geben, selbst wieder eine neue Aufgabe stellen, Spielführer werden usw.).

Verschiedene Spiele zwingen bereits durch die Beschaffenheit ihres Materials zu bestimmten Regeln. Wir denken hier an die Quartett- und Lotto-

---

[5] Vgl. Radina, I. J.: Didaktische Spiele im Leben des Kindes und ihre pädagogische Anleitung. In: Die Rolle des Spiels im Kindergarten. Verlag der Akademie der Pädagogischen Wissenschaften der RSFSR, Moskau 1961 (russ.)

[6] Vgl. Udalzowa, E. I.: a. a. O. S. 50

spiele, an Domino und Mikado. Das ist deshalb bedeutungsvoll, weil diese Spiele die selbständige Gestaltung durch die Kinder recht gut ermöglichen. Die Autorität des Erziehers ist dann als organisierender Faktor zusätzlich nicht nötig, wenn das Spiel und seine Regeln bekannt sind. Das führt dazu, daß sich die Kinder bei Verstößen gegen die Regel nicht mehr hilfesuchend an die Erzieherin wenden, sondern versuchen, ihre Probleme und Schwierigkeiten untereinander zu lösen. Hier wird die erzieherische Bedeutung der Spielregeln deutlich: Sie fördern die Selbständigkeit der Kinder und das Einfügen in eine Gemeinschaft.

Sie ermöglichen der Erzieherin, den Kindern immer mehr Freiheit für die selbständige Gestaltung des Spiels zu geben, je mehr sie die Regeln des Spiels beherrschen. Die Regeln organisieren das Spiel besser als Ermahnungen der Erzieherin, wie „Paßt gut auf!" usw. In der Spielsituation, die dem Kinde einleuchtet, sein Gefühl anspricht und seine Aufmerksamkeit herausfordert, befolgt es die Spielregel gern und sieht sie als eigenes erstrebenswertes Ziel. Die Regel wird von den Kindern nicht nur verstanden, sondern sie findet auch deren emotionale Zustimmung. Damit wird das Problem der Motivation des Spiels angeschnitten.

Die Regel gilt für alle, daher erlebt das Kind eine sachliche Anforderungssituation, der es entsprechen muß, aber auch entsprechen will, wenn das Motiv des Spiels seinen Interessen entgegenkommt. Nicht ein Mensch (Erzieherin) stellt bestimmte Forderungen, sondern das Spiel, nicht nur die Erzieherin kontrolliert, ob die Regeln eingehalten werden, sondern die Spielgemeinschaft. Daher werden Verhaltensweisen geübt, zum Beispiel sich gegenseitig zuzuhören, die Figur weiterzusetzen, wenn es der Regel entspricht, sich gegenseitig zu helfen usw., die Willensqualitäten ausbilden und später bei Lern- und Arbeitstätigkeiten gebraucht werden.

Jedes Spiel muß eine *Spielidee* haben, die sich als Aufgabe den Kindern darbietet und eine so starke emotionale Aufforderung ist, daß sie Spieleifer und Spielfreude unmittelbar hervorruft. In der Spielidee steckt das Ziel, die Beantwortung der Frage „Warum spielen wir?" oder „Was soll erreicht werden?" Die Spielidee interessiert die Kinder, weckt ihre Aktivität und den Wunsch zu spielen. Die Spielidee „kommt oft schon im Namen des Spiels zum Ausdruck und bildet seinen Anfang, so zum Beispiel in dem Spiel ‚Erkenne, was in dem Säckchen ist!' Hier besteht die Spielidee darin, daß das Kind ein Spielzeug, das sich in einem bunten Säckchen befindet, mit der Hand betastet, um es zu erkennen und dann zu benennen."[7] Aus der Spielidee ergeben sich verschiedene Handlungen der Kinder.

---

[7] Sorokina, A. I.: Lehrbuch der Vorschulpädagogik. Verlag Volk und Wissen, Berlin 1960, S. 183

E. I. Udalzowa schreibt zur *Spielhandlung*: „Wenn man didaktische Spiele daraufhin untersucht, was die Kinder an ihnen interessiert und mitreißt, so ist es vor allem die Spielhandlung: Diese regt die Aktivität der Kinder an und ruft bei ihnen ein Gefühl des Befriedigtseins hervor; außerdem hat die didaktische Aufgabe die Form eines Spiels angenommen. Die Aufmerksamkeit des Kindes ist auf die Abwicklung der Spielhandlung gelenkt, und es löst die Bildungsaufgabe bereits während des Spielens."[8] Deshalb muß das didaktische Spiel interessant gestaltet werden.

Jedes didaktische Spiel besteht aus einer Reihe von Handlungen, die von den Kindern gefordert werden, um das Ziel zu erreichen. Diese Handlungen müssen von den Kindern in ihren Grundelementen „gekonnt" werden, aber in der im Spiel verlangten Abfolge neu und verlockend sein.

Jedes mitspielende Kind muß vielseitig in die Handlung einbezogen werden. In den Spielhandlungen müssen sich physische Anstrengungen mit geistigem Aktivsein paaren.

„Die Spielhandlung gibt die Gewähr dafür, daß sich die Kinder die didaktische Aufgabe wirksamer aneignen können."[9] Verschiedene Spiele wekken bei den Kindern kein Interesse. Udalzowa beschreibt ein solches Spiel: „In dem Spiel ‚Zähle richtig!' legen die Kinder Karten mit den Zahlen 1 + 2 + 3 in einer bestimmten Reihenfolge hin und prüfen die durchgeführte Handlung an Stäbchen nach. Das ist kein Spiel, sondern ein Üben von Rechenoperationen. Die Kinder stehen vor einer Bildungsaufgabe, nämlich auszurechnen, wieviel eins plus zwei ist. Nach der Lösung dieser Aufgabe sitzt das Kind da und wartet, was es weiter tun soll, denn es hat ja seine individuelle Aufgabe erfüllt. Diese Tätigkeiten haben keine Spielhandlung, die die Kinder begeistern und die ein Interesse an den Spielregeln und der Bildungsaufgabe hervorrufen könnte. Die Kinder führen zwar Handlungen aus, aber eben keine Spielhandlungen; diese Handlungen werden ausschließlich von der didaktischen Aufgabe bestimmt."[10]

Fragen wir danach, wodurch die Handlung des didaktischen Spiels gekennzeichnet ist, so können wir bereits das zielgerichtete Umgehen mit Spielmaterial, zum Beispiel Kugeln ins Tor zu rollen, Puppe anzukleiden usw., als Spielmomente ansehen. Dem Charakter des didaktischen Spiels entsprechend stehen damit im Zusammenhang gewisse Bedingungen, die an die Durchführung solcher Spielhandlungen gebunden sind, zum Beispiel: Wer zuerst einen Gegenstand erkannt hat, setzt sich hin; wer zuerst seine Lottotafel bedeckt hat, ist Sieger; wer richtig geraten hat, darf bestimmen,

---

[8] Udalzowa, E. I.: a. a. O. S. 50
[9] Udalzowa, E. I.: a. a. O. S. 53
[10] Udalzowa, E. I.: a. a. O. S. 53

wer die nächste Aufgabe erraten oder eine neue nennen soll; wer eine Aufgabe nicht gelöst oder einen Fehler begangen hat, muß ein Pfand geben. Hier zeigt sich, wie die Regel die Spielhandlung lenkt.

In vielen solchen Spielen ist dem Zufall Raum gegeben. Ein Kind erhält zufällig als letztes die ihm fehlende Lottokarte; die gedrehte Flasche zeigt zufällig auf einen Mitspieler. Gerade das Zufällige ergibt den Spielcharakter und stellt das Kind vor eine Situation, bei der es gilt, schnell zu reagieren oder auch beherrscht und ruhig zu ertragen, der Letzte zu sein. Die zufälligen Momente rufen auch vielfach Spannung und Unterhaltsamkeit des Spiels hervor.

Obwohl solche Spielmomente erzieherisch wertvoll sein können, muß darauf geachtet werden, daß sich die Kinder in genügendem Maße geistig anstrengen und ihre Tätigkeit auch ihren Erfolg bestimmt. Das ist besonders bei Würfelspielen zu beachten, die wir vorwiegend zum Zählen und Vergleichen von Mengen benutzen wollen. Den zu häufigen Einsatz von Würfelspielen gilt es zu vermeiden, da bei ihnen der Erfolg des Spielers nur vom Zufall abhängt. Dadurch ist das Erleben echter, durch eigene Anstrengung erworbener Erfolge gering. Der Erfolg wird dem Kind ohne wesentliche Mühe zuteil, es kann nichts dazutun, sich vor Mißerfolgen zu bewahren. Diese Spiele haben nur geringen pädagogischen Wert, ihre Überbetonung kann zu falschen Erkenntnissen führen.

Nicht zuletzt wird eine freudige Spielatmosphäre durch Nachahmung und die Übernahme einer Rolle ins didaktische Spiel hineingetragen. Es liegt bei der Erzieherin selbst, für eine richtige Spielatmosphäre zu sorgen, ohne die ein didaktisches Spiel langweilig und lehrhaft wirkt. So wird sie nicht sagen: „Dieter, sprich lauter, sonst hören wir dich nicht!", sondern fragen: „Kätzchen, bist du krank, du sagst so leise ‚miau'? Ach, wir haben uns geirrt, jetzt ruft es lauter!" Die phantastischen Momente sollten in der Spielhandlung nicht fehlen. Es muß zum Beispiel nicht in trockener Art bestimmt werden, welche Gemüsearten auf dem Tisch liegen. Den „Hasen" im Spiel auf das „Feld" zu schicken und das „Gemüse" fressen zu lassen, kann die Kinder begeistern.

E. I. Udalzowa schreibt, daß eine aus mehreren Spielelementen bestehende Handlung die Aufmerksamkeit der Kinder auf den Inhalt lenkt und sie länger bei der Bildungsaufgabe festhält[11].

Zusammenfassend läßt sich sagen, daß vielseitige, zielstrebige Betätigung mit Spielmaterial, zufällige Momente, Verpflichtungen, die durch die Regel auferlegt werden, der Gewinn, der Wettbewerb, die Freude am Nachahmen, die Übernahme einer Rolle im Rollenspiel, phantastische Momente,

---

[11] Udalzowa, E. I.: a. a. O. S. 52

echte Spielatmosphäre der Tätigkeit der Kinder Spielcharakter verleihen. Das Ergebnis des Spiels ist also nicht allein im Lösen von Rätseln und im Ausführen von Aufgaben zu sehen, sondern zeigt sich auch in der Freude, die die Kinder an der Spielhandlung haben.

Diese Besonderheiten, die Bildungs- und Erziehungsaufgabe, der Spielinhalt, die Regeln, die Spielidee und Spielhandlung, charakterisieren das didaktische Spiel. Unterscheiden wir es vom schöpferischen Spiel: „Im Gegensatz zu den schöpferischen Spielen entspringen die didaktischen Spiele nicht dem Schaffen, der Selbsttätigkeit der Kinder. Diese erhalten sie vielmehr in fertiger Form.“ [12]

Während im didaktischen Spiel die Bildungsaufgabe und der Inhalt den Kindern gegeben wird, nutzt die Erzieherin im schöpferischen Spiel den von den Kindern in das Spiel hineingetragenen Inhalt für bildende und erziehende Wirkungen durch eine geschickte Spielanleitung aus. Für einen positiven Inhalt des Spieles sorgt sie indirekt, indem sie die Kinder an wichtige Lebensbereiche heranführt und sie die Beziehungen der Menschen untereinander bewußtwerden läßt. Das führt dazu, daß die Kinder die Regeln, die sich aus ihrer übernommenen Rolle ergeben, während des Spiels selbst finden und sie allmählich inhaltsreicher und schwieriger gestalten, je tiefer sie in die betreffenden Zusammenhänge eindringen. Im didaktischen Spiel wird den Kindern die Regel vor Spielbeginn fertig übermittelt. Sie muß eingehalten werden, wenn das Spiel und seine Aufgaben erfüllt werden sollen. Die schöpferischen Spiele sind in ihrem Verlauf nicht an eine bestimmte Handlung gebunden. Es können auch Handlungen ausgelassen werden, während in den didaktischen Spielen die Spielhandlung vorgeschrieben ist und nur durch Spielvariationen, durch Regeln, die von der Erzieherin oder der Kindergemeinschaft geändert werden, einen anderen Verlauf nimmt.

Beide Arten des Spiels fördern eine vielseitige Tätigkeit der Kinder, die jedoch unterschiedlichen Anforderungen genügt. Im freien Spiel kommt es auf eine eigene originelle schöpferische Verarbeitung der Umwelteindrücke an. In didaktischen Spielen muß eine exakt gestellte Aufgabe in eigens vorgegebener Art und Weise gelöst werden. So hat das didaktische Spiel auch ein greifbareres Ergebnis als das schöpferische Spiel[13]. Die schöpferische Initiative der Kinder tritt bei dem didaktischen Spiel etwas zurück, dafür wird stärker geübt, fremdgestellte Aufgaben zu erfüllen.

---

[12] Ebenda, S. 47

[13] Eine tiefergehende Charakterisierung des Rollenspiels gibt Pfütze, R., in: Die Erziehung der Kinder zum kollektiven Verhalten im Rollenspiel. Verlag Volk und Wissen, Berlin 1962

Beide Arten der Tätigkeit sind wichtig, um die Kinder auf den Schuleintritt vorzubereiten.

Bei einer gut durchdachten Bildungs- und Erziehungsarbeit wird auch beim didaktischen Spiel schöpferische Tätigkeit möglich. Die Ideen der Kinder sollten beim Gestalten der Spielhandlung einbezogen werden. Die Erzieherin kann sie beteiligen, wenn Spielregeln geändert oder neue Spielvarianten entwickelt werden. Sie wird dabei die Erlebnisse und Interessen der Kinder berücksichtigen, ohne von der gestellten Aufgabe abzuweichen.

So können didaktische Spiele aus schöpferischen Spielen hervorgehen. Die Erzieherin nutzt die Spielsituation und das Interesse der Kinder an einem bestimmten Thema und stellt für diese unmerklich eine didaktische Aufgabe, die spielend erfüllt wird. Die Kinder werden solche Übergänge von einer Spielart in die andere kaum bemerken. Auch umgekehrt gibt es vom didaktischen zum schöpferischen Spiel solche fließenden Übergänge. Haben die Kinder zum Beispiel „Einkaufen" im didaktischen Spiel gelernt, werden sie diese Spielmomente in ihr schöpferisches Spiel aufnehmen und die als didaktisches Spiel eingeführten Tätigkeiten und Regeln weiter bereichern und variieren.

Die Bedeutung didaktischer Spiele im Bildungs- und Erziehungsprozeß

Das didaktische Spiel erfaßt und fördert die allseitige Persönlichkeit des Kindes. Dieser Bedeutung entspricht seine komplexe Aufgabenstellung: Fähigkeiten und Fertigkeiten entwickeln sich nicht isoliert, sondern stofflich inhaltlich gebunden. Mit der Bewältigung an Sachaufgaben kann und soll sich so zum Beispiel das Erfassen von Zusammenhängen, das Vermögen zum analytischen Betrachten einer Gegebenheit, aber auch schnelles Reagieren oder die Kraft zur Konzentration einstellen. Diese zur Gewohnheit werdenden Fähigkeiten ergeben die für die geistige Entwicklung des Kindes bedeutenden „Denkformen" und fördern zum Beispiel eine typische Aufgabenhaltung.

Die vielseitigen Anforderungen der Bildung und Erziehung werden mit den Spielen jedoch in unterschiedlicher Weise erfüllt. Die spezifische Aufgabe bestimmt die Funktion des Spiels. So wird es einmal nach diesem, ein andermal nach jenem Aspekt ausgewählt.

Im pädagogischen Prozeß müssen didaktische Spiele im richtigen Moment und an der Stelle, an der sie am besten wirken und am erfolgreichsten sein können, eingefügt werden. Sie sind auch mit den anderen Maßnahmen gut abzustimmen. Betrachten wir näher, wie didaktische Spiele verwendet werden können.

Didaktische Spiele geben den Kindern die Möglichkeit, ihre Kenntnisse anzuwenden: Kenntnisse müssen vertieft werden, wenn sie zum festen Besitz werden sollen. Die Kenntnisse über verschiedene Gegenstände und Erscheinungen in ihren sachlichen Zusammenhängen lassen sich im didaktischen Spiel auf lustbetonte Art und Weise festigen.

So werden Spiele mit Blättern und anderem Naturmaterial durchgeführt, damit die Kinder dies sicherer benennen und unterscheiden. Viele Tiere sind bekannt, die Spielregel zwingt dazu, diese genau zu beschreiben und so die Beobachtungen wiederzugeben. In geraffter Form müssen die Kinder wiedergeben, was die Menschen verschiedener Berufe herstellen, welche Werkzeuge sie dazu benötigen usw. Damit wird ein Teil ihrer Kenntnisse verallgemeinert, geordnet und kategorisiert.

Solche Spiele sind deshalb sehr wertvoll, weil in der Wiederholung der Stoff nicht noch einmal in der gleichen Art und Weise dargeboten oder erarbeitet wird. Bereits bekannter Inhalt ist in den didaktischen Spielen unter einem anderen Aspekt in einem anderen Zusammenhang zu erfassen und wiederzugeben. Somit werden höhere Anforderungen an die Kinder gestellt.

Vorwiegend dienen die didaktischen Spiele der Wiederholung: Sie „gründen sich aber nicht allein auf die Anwendung der Kenntnisse, sondern sie enthalten auch die Möglichkeit des Kenntniserwerbs während des Spieles oder beim Lösen der Aufgaben, die durch das Spiel gestellt sind. Beispielsweise gilt das für das Spiel ‚Reise durch das Zimmer' (siehe S. 79); die Kinder ordnen die Gegenstände nach ihrem Material und Zweck und verallgemeinern die isolierten Wahrnehmungen."[14] Die Kinder lernen zum Beispiel dabei, daß ein und derselbe Gegenstand aus verschiedenem Material hergestellt werden kann. Sie finden einen Untersetzer aus Stroh, aus Bast, aus Holz, aus Ton, aus Metall oder aus Stoff. In dieser Weise erwerben sich die Kinder neue Kenntnisse, wenn sie bereits Bekanntes unter neuen Gesichtspunkten betrachten.

Das didaktische Spiel wird zur Analyse der Erfahrungen und Kenntnisse der Kinder verwendet: Um sinnvoll an die vorhandenen Vorstellungen der Kinder anknüpfen zu können, muß die Erzieherin Möglichkeiten finden, die vorhandenen Kenntnisse der Kinder über ein bestimmtes Gebiet festzustellen. Das didaktische Spiel bietet sie.

Betrachten wir ein Beispiel. Eine Kindergärtnerin wollte den Kindern Kenntnisse über den Transport von Waren vermitteln.

Dazu wurden folgende Schritte geplant:

1. Didaktisches Spiel: Was transportieren wir? (Siehe S. 86.)
2. Beobachtungsgang durch die Straßen mit der Aufgabe, Autos zu benennen.
3. Beobachtungen an der Verladestelle des Warenhauses.
4. Erzählung: Wie unser Tisch entstanden ist, und wie er zu uns in den Kindergarten kam.

Das didaktische Spiel stand hier an erster Stelle. Es diente einer Ausgangsanalyse. Da die Kinder außerhalb der Einwirkungen des Kindergartens gerade über den Straßenverkehr sehr viele Erfahrungen sammeln und manchmal sogar über sehr umfangreiche Kenntnisse verfügen, half das Spiel der Erzieherin festzustellen, welche Vorstellungen die Kinder von Verkehrsmitteln besaßen, welche Kenntnisse vorhanden waren und nicht mehr gefestigt werden mußten und wo es im Wissen der Kinder noch Lücken gab.

---

[14] Didaktische Spiele als Erziehungsmittel und die Methode ihrer Durchführung. In: Regelspiele im Kindergarten. Utschpedgis, Moskau 1962, S. 51 (russ.)

Als die Erzieherin im Spiel Karin anrief und dringend einen Transport frischer Gurken anmeldete, wollte Karin ein Taxi schicken, und Gisela wollte einen Kranken mit der Straßenbahn abholen lassen. Bei diesem lebhaften Spiel stellte sich jedoch heraus, daß die Kinder mit wenigen Ausnahmen umfangreiche und vielseitige Kenntnisse über den Transport besaßen. Sie wußten auch, daß mit dem Minolauto Benzin gefahren wird, kannten fast alle Arten von Fahrzeugen und ihre Funktion, so daß die zur Verfügung stehende Zeit gut genutzt werden konnte, um bestimmte Zusammenhänge zu klären und die Kinder mit Transportarbeiten bekannt zu machen. Das didaktische Spiel half hier, den Bildungsprozeß rationeller zu gestalten. An die Kenntnisse der Kinder konnte angeknüpft werden. Die daraufhin erarbeiteten Themen waren neu und interessant, nicht langweilig, weil es die Erzieherin verstand, die Anforderungen zu erhöhen.

Didaktische Spiele können dazu beitragen, bestimmte Fähigkeiten und Fertigkeiten zielstrebiger herauszubilden: Wenn die Erzieherin zum Beispiel feststellt, daß die Kinder noch oberflächlich beobachten, manches übersehen und sich schwer konzentrieren können, wird sie neben interessanten Beobachtungsaufgaben auch didaktische Spiele auswählen, die speziell zur Entwicklung der Beobachtungsfähigkeit geeignet sind, wie zum Beispiel „Was wurde verändert?“ (Siehe S. 69.) Ebenso ist es möglich, Spiele, die schnelles Reagieren erfordern, von dieser Sicht her anzuregen, zum Beispiel „Flaschendrehen“.
Die Kinder müssen lernen, sich räumlich zu orientieren, das ist auch für ihre eigene Sicherheit erforderlich. Erfahrungsgemäß begreifen sie sehr schnell, wo links und rechts, oben und unten, vorn und hinten ist, aber es dauert lange Zeit, bis sie diese Begriffe in jeder Situation richtig anwenden können. Sie müssen zum Beispiel rechts und links beim Tischdecken, in der Turnstunde, im Straßenverkehr usw., also in veränderten Situationen, immer wieder üben. Damit die Kinder darin schneller zu Fertigkeiten gelangen, sind außer den täglichen Verrichtungen besondere Übungssituationen zu schaffen. Das Spiel reizt die Kinder, freiwillig solche Handlungen auszuführen und zu wiederholen. „Mein rechter Platz ist leer“ zum Beispiel gibt diese Möglichkeit. Es müßte so gespielt werden, daß im Wechsel auch der linke Platz vergeben wird. Wesentlich höhere Anforderungen stellt das Spiel „Gorodki“ (siehe S. 161). Es führt durch seine Vielseitigkeit dazu, vielerlei räumliche Beziehungen zu vertiefen und schnell und richtig zu reagieren.
Für die Auswahl eines didaktischen Spiels ist es besonders wichtig, daß es viele Möglichkeiten zur Entwicklung geistiger Fähigkeiten bietet. Wenn

die Anforderungen des Spieles an die obere Leistungsgrenze der Kinder anschließen, üben sie sich im Denken und auch darin, wie man sich etwas aneignen kann, das heißt, sie finden „Denkformen". Sie lernen, unterschiedliche Merkmale zu erfassen und zueinander in Beziehung zu setzen.
Ebenso ist die Herausbildung der Fingerfertigkeit und der Handgeschicklichkeit zur Vorbereitung der Kinder auf die Schule bedeutsam. Die Kinder lernen zum Beispiel, beim Angeln mit einem Haken Gegenstände aufzunehmen oder mit kleinen Scheiben nach einem bestimmten Ziel zu werfen. Diese Spiele steigern sich in ihrem Schwierigkeitsgrad bis zum Mikadospiel, das große Geschicklichkeit und eine ruhige Hand erfordert.

Didaktische Spiele ermöglichen das Üben sozialer Verhaltensweisen: Häufig zeigt sich nach einer Analyse des Verhaltens der Kinder, daß es einigen schwerfällt, sich einzuordnen und den Forderungen gemeinschaftlichen Tuns zu entsprechen.
Wenn auch in allen didaktischen Spielen, die zum Vertiefen der Kenntnisse eingesetzt werden, die Kinder in Gruppen zusammenspielen und in kameradschaftliche Beziehungen zueinander treten, ist es auch möglich, didaktische Spiele bewußt unter einem solchen Aspekt einzusetzen.
So können einzelne Kinder zum Lottospiel angeregt werden, und die Erzieherin wird dafür sorgen, daß ein zurückhaltendes Kind Spielführer wird und andere Kinder, die sonst führten, sich unterordnen. Dem Spiel zuliebe werden sich die Kinder an die Ordnung halten.
In den didaktischen Rollenspielen ist es vom Inhalt her erforderlich, den Jungen und Mädchen zunächst einmal Verhaltensweisen, die im Umgang mit anderen Menschen gepflegt werden, bewußtzumachen. Sie erfahren beim Spiel „Straßenbahn", daß man älteren Menschen seinen Platz anbietet, und beim Verkaufsspiel gehört es zur Regel, höflich nach den Wünschen des Käufers zu fragen sowie sich beim Erhalten des Geldes und der Waren zu bedanken. Spielsituationen, die der Wirklichkeit gleichen, sind außerordentlich gut geeignet, den Kindern das eigene Verhalten bewußt werden zu lassen und in den Spielhandlungen wiederholt richtiges Verhalten zu üben.
So wirkt das didaktische Spiel in zweifacher Weise auf die sittliche Einstellung der Kinder: vom aufklärenden Inhalt her sowie von der Regel, die das positive Verhalten fordert.
Rückblickend möchten wir noch einmal die vielseitigen Wirkungsmöglichkeiten und die sich daraus ergebende reiche Skala von Variationen des didaktischen Spiels betonen: „Wenn die Kindergärtnerin die Spiele auswählt, muß sie sich genau darüber Rechenschaft geben, welche Ergebnisse sie mit den Mitteln eines didaktischen Spieles erreichen will, weil davon sehr

häufig die Spielidee, die Spielhandlung abhängt, durch die die Formulierung der Regeln sowie der gesamte Verlauf des Spieles bestimmt wird. Beispielsweise kann bei dem Spiel für die jüngere Gruppe ‚Wer kennt diese Stimme?‘ die Aufgabe gestellt sein, herauszufinden, ob die Kinder die entsprechenden Tierstimmen kennen. Der Inhalt des Spiels eignet sich sehr gut dazu, Näheres über einzelne Tiere zu erfahren. In diesem Falle verwendet die Kindergärtnerin das Spiel dazu, Interesse bei den Kindern zu wecken. Sie kann sich aber auch eine ganz andere Aufgabe stellen, nämlich zu prüfen, inwieweit die Kinder Klarheit über die Tierstimmen besitzen und ob sie in der Lage sind, einzelne Tierstimmen bereits selbst mit ihrer Stimme wiederzugeben und sie voneinander zu unterscheiden. Dieses Spiel kann gleichzeitig auch noch eine andere Teilaufgabe erfüllen, nämlich die Kinder das Aussprechen einzelner Laute üben zu lassen.
Demzufolge kann also ein und dasselbe Spiel der Lösung verschiedenartiger Aufgaben dienen, wobei eine neue Aufgabe dem Spiel auch gleichzeitig stets einen neuen Sinn gibt und es wieder von einer anderen Seite für die Kinder neu und interessant erscheinen läßt.“ [15]

---

[15] Didaktische Spiele als Erziehungsmittel und die Methode ihrer Durchführung. In: Regelspiele im Kindergarten. Utschpedgis, Moskau 1962, S. 9/10

[16] Vgl. Rubinstein, S. L.: Grundlagen der allgemeinen Psychologie. Verlag Volk und Wissen, Berlin 1958, S. 738. Shukowskaja, R. J.: Das Spiel in der Erziehung der sechsjährigen Kinder. In: Isvestija APN der RSFSR, Moskau 1960, Nr. 108, S. 152. Quelle: Uschinski, K. D.: Anleitung zum Unterricht in der „Muttersprache“. Ausgewählte pädagogische Schriften. Bd. II, Utschpedgis, Moskau 1959, S. 172 (russ.)

Didaktische Spiele als Unterrichtsverfahren

Hier nehmen wir die zu Anfang getroffene Unterscheidung von indirektem und direktem Lernen noch einmal auf. Dem jüngeren Vorschulkind gewähren wir, daß es in der Freude am spielerischen Tätigsein lernt. Aus diesem unbewußten Lernen soll sich jedoch allmählich eine typische Lernhaltung entwickeln. Das didaktische Spiel bietet den Übergang: Wenn die Kinder zum Beispiel den Bereichen Wald, Wiese, Feld die entsprechenden Tierbilder zuordnen, ist ihre Spieltätigkeit von Lernelementen durchdrungen, denn sie erfüllen direkt und zielstrebig Aufgaben. Die Erzieherin muß überlegen, wie sie die Kinder im Spiel zeitweilig zur bewußten Lernhaltung führen kann, ohne daß das Spiel aufhört, Spiel zu sein. Sicher werden dabei die Motive, die die Kinder zum Lernen veranlassen, nicht unwesentlich sein. So könnten Kinder beispielsweise zu der Auffassung gelangen: Wir lernen, wie man die jungen Tiere bezeichnet, damit wir unser Spiel „Tierkinder suchen ihre Mutter" besser und schneller spielen können. So ist das Lernen, das dem Kind durchaus bewußt werden kann, immer noch vom Spiel her motiviert, nähert sich aber mit zunehmendem Alter mehr einer bewußten Lernhaltung.

Betrachten wir die in der Sammlung aufgeführten didaktischen Spiele genauer, finden wir viele, die nur wenige Spielhandlungen aufweisen oder in denen Lernaufgaben direkt an die Kinder gestellt werden. Wenn bei diesen Spielen der Wettbewerb oder das Pfänderverteilen wegfällt, können sie bereits als Übung gekennzeichnet werden. Diese Spiele, die den Kindern sofort Aufgaben stellen und zur bewußten Tätigkeit auffordern, sind dadurch charakterisiert, daß die Ergebnisse der Spieltätigkeit (Leistung) immer größere Bedeutung erhalten, sie ähneln und entsprechen immer mehr den Lernergebnissen. Die Kinder wollen ihre Leistungen vom Erzieher bewertet haben und auch von ihren Spielkameraden anerkannt werden. Dadurch wird die Spieltätigkeit immer mehr von den zielgerichteten und bewußt durchgeführten Teilhandlungen des didaktischen Spiels motiviert, die direktes Lernen erfordern.

Die Erzieherin wird dafür sorgen, daß bei den älteren Vorschulkindern dieses bewußte Lernen einen immer größeren Raum einnimmt. Die zwei Formen des Lernens, das direkte und indirekte Lernen[16], sollen im dialektischen Wechselverhältnis immer vorhanden sein.

Didaktische Spiele gewährleisten den so notwendigen Wechsel der Methoden, bieten immer wieder andere Möglichkeiten des Übens, sprechen andere Bereiche der kindlichen Persönlichkeit an, erzeugen Gefühle der Spannung auf ein Ergebnis und können durch die lustbetonten Spielmomente eine Erholung in der geistigen Anspannung und der Konzentration auf den Unterrichtsstoff sein.

Auch K. D. Uschinski betonte, wie wichtig ein abwechslungsreicher Unterricht ist: „Das Kind verlangt nach ununterbrochener Betätigung. Es wird nicht von der Tätigkeit müde, sondern von ihrer Gleichförmigkeit und Einseitigkeit.“[17] Er erkannte die Notwendigkeit, das Spiel im Unterricht als Methode zu benutzen, sehr wohl an, trat aber gegen den sogenannten Spielunterricht auf und wandte sich dagegen, daß der gesamte Elementarunterricht in Spielerei ausartet. Er schrieb dazu: „Verwandeln wir das Lernen des Kindes in ein Spiel, dann führt das dazu, daß ein derartiger spielerischer Unterricht das Kind erschlaffen läßt, statt es zu kräftigen.“[18] Damit ist sowohl die positive Seite des didaktischen Spiels gekennzeichnet, zugleich sind aber auch die Grenzen für seine Verwendung als Unterrichtsmethode angedeutet.

Spielverfahren, die auflockern und den Kindern Bewegung verschaffen, bewirken, daß der Inhalt des Unterrichts aufmerksamer aufgenommen wird. Darüber wird von sowjetischen Wissenschaftlern folgendes ausgeführt: „Die den Kindern eigene Aktivität und ihr Streben nach Bewegung müssen als wertvolle gesetzmäßige Erscheinung angesehen werden, die genutzt werden muß, wenn es um die allseitige Entwicklung des Kindes geht.“ Von dieser Gesetzmäßigkeit ging K. D. Uschinski aus, als er schrieb: „Laßt das Kind möglichst viel herumtollen und sich bewegen. Es wird euch dann mit zehn Minuten Aufmerksamkeit danken. Zehn Minuten lebendiger Aufmerksamkeit geben euch, wenn ihr sie richtig zu nutzen versteht, mehr als eine ganze Woche müßig verbrachter Unterrichtsstunden.“[19]

Didaktische Spiele räumen den Kindern, vorausgesetzt, daß Spielregeln beherrscht werden, größere Selbständigkeit beim Lernen ein. Das erfordert auch eine veränderte Form der didaktischen Führung durch die Erzieherin, die zwar in den Hintergrund tritt, sich aber die Leitung der Gesamtarbeit nicht entgleiten lassen darf. Ihr Augenmerk muß sich auf die richtige Auswahl der didaktischen Spiele richten. Diese ergibt sich einmal aus der

---

[17] Zitiert nach Shukowskaja, R. J.: Das Spiel in der Erziehung der sechsjährigen Kinder. In: Isvestija APN der RSFSR, Moskau 1960, Nr. 108, S. 152

[18] Ebenda, S. 152

[19] Zitiert nach Shukowskaja, R. J.: a. a. O. S. 152. Quelle: Uschinski, K. D.: Ausgewählte Schriften. Bd. III, Verlag der Akademie der pädagogischen Wissenschaften der RSFSR, Moskau 1948, S. 152 (russ.)

Aufgabe der geplanten Beschäftigung. Wird also die Aufgabe verfolgt, die Vorstellungen von der Zahlenfolge bis zur 8 zu festigen, wird auch das didaktische Spiel dieser Aufgabe untergeordnet. Zum anderen ist es möglich, durch ein didaktisches Spiel einen Stoff zu vertiefen, der in vorangegangenen Beschäftigungen behandelt wurde. Nachdem zum Beispiel im Garten geübt wurde, die am Boden liegenden Blätter den richtigen Bäumen zuzuordnen, nachdem an allen Sträuchern und Bäumen nachgesehen wurde, ob die Stelle zu sehen ist, an der die abgefallenen Blätter hingen, und ob bereits wieder Knospen zu sehen sind, kann mit dem ruhigen Ballspiel „Wo wächst das?“ abgeschlossen werden. Während der erste Teil der Beschäftigung ausschließlich auf die Merkmale der Bäume im Herbst gerichtet ist, werden zum Schluß in dem Spiel Fragen gestellt, die zuvor behandelten Stoff vertiefen.

Die Spiele, die organisch aus dem Inhalt der Unterweisung herauswachsen sollten, werden häufig in ihrem ersten Stadium den Charakter einer mit spielerischen Momenten durchsetzten Übung tragen und auch noch straff von der Erzieherin angeleitet werden, besonders dann, wenn es sich um das erstmalige Spielen handelt. Nun kann die Erzieherin die Spielregeln entweder bei der nächsten gemeinsamen Beschäftigung, vor allem jedoch innerhalb der für die Kinder angesetzten Zeit zum Spielen weiter ausbauen und ein spannendes Spiel entwickeln.

Wir wollen dies an einem Beispiel erläutern:

Das Auffassen und Darstellen der Menge 3 und 4 wird geübt. Nachdem die Kinder mit verschiedenem Material die Menge 4 zusammengesetzt, sie mit Legetäfelchen und verschiedenem Spielmaterial dargestellt haben, sucht sich nun die Erzieherin folgendes Spiel aus, das zunächst noch Übungscharakter trägt und im Unterricht auch nur kurze Zeit gespielt werden kann.

Aufgabe: Üben des motorischen, akustischen und rhythmischen Zählens, der Zahlauffassung und -darstellung.

Spielverlauf: Die Erzieherin kleidet die Übungen in eine Erzählung ein, die unter einem Thema steht. Beispiele: Tiere in der Familie – Tiere auf dem Bauernhof – Wir machen Musik – Beim Tischler zu Besuch. Im Verlauf dieser Erzählung müssen die Kinder bestimmte Tätigkeiten durch Bewegung oder Laute nachahmen oder eine Anzahl Laute, zum Beispiel vier Hammerschläge, akustisch wiedergeben (viermal klatschen oder auftreten).

Die Aufgaben der Kinder werden vorher festgelegt: „Wenn ich sage: ‚Der Hund bellt viermal‘, klatscht ihr ebenso viele Male in die Hand, oder ihr ruft viermal: ‚wau, wau, wau, wau.‘“ Die Kinder können entweder alles motorisch (Handschlag, Fußstapfen) oder akustisch durch Laute (Tier nachahmen, Autos nachahmen) wiedergeben oder im Wechsel. Die Anzahl der Zahldarstellungen sollte den jeweilig erreichten Zahlkenntnissen der Kinder entsprechen und allmählich gesteigert werden. Die Erzieherin kann auch an der Zahlauffassung arbeiten, indem sie nur Wiederholungsfragen stellt: „Wie oft bellte der Hund? Wievielmal klopfte der Schmied auf das Eisen?“ Die Kinder nennen nur die Zahl[20].

Wettbewerbselemente, Pfänderverteilen, Rollenspiel usw. können diese ersten spielerischen Übungen, die wir als Vorstufe des didaktischen Spieles ansehen, zu einem vollwertigen Spiel gestalten. Im obigen Beispiel könnte also jedes Kind eine Rolle erhalten (Hund, Auto, Kuckuck, Straßenbahn, Uhr). Ein Kind erzählt eine Geschichte und gibt an, wie oft der Hund bellt und wie oft der Kuckuck ruft. Wer etwas falsch macht, muß ein Pfand geben.

Mit der Kenntnis der charakteristischen Besonderheiten des Aufbaus didaktischer Spiele ist es jeder Erzieherin möglich, vom Inhalt der Arbeit ausgehend, selbst didaktische Spiele zu finden. Nicht immer muß ein neues Spiel erfunden werden. Viele Spielformen, zum Beispiel Zuordnungsspiele und Ratespiele, lassen sich immer wieder mit neuer Aufgabenstellung und mit neuem Inhalt verwenden. Die den Kindern durch Spielhandlung und Spielregel bereits bekannten Spiele können ohne großen Zeitaufwand für einführende Erläuterungen sofort gespielt werden und dazu beitragen, die kurze Unterrichtszeit rationell zu nutzen. Die Kinder freuen sich über die bekannten Spiele und können sie gleich selbständig spielen.

---

[20] Nach einem Spiel von Schramm, G.: Rechenspiele in der Unterstufe. Verlag Volk und Wissen, Berlin 1963

Didaktische Spiele im Tagesablauf

Bisher wurden didaktische Spiele innerhalb des Tagesablaufes in einem Kindergarten noch wenig eingesetzt. Meistens erhalten die Kinder vorgeformtes Material als sinnvolles Beschäftigungsmittel in der Zeit des freien Spiels. Es wurde versäumt, didaktische Spiele systematisch in die Bildungs- und Erziehungsarbeit einzufügen, den Kindern Spiele zu geben, die in ihrer Beschaffenheit (Aufgabe, Inhalt, Spielidee, Spielhandlung, Spielregel) einen höheren Schwierigkeitsgrad in den Anforderungen an die Kinder von Spiel zu Spiel aufweisen.

Wenn die Kinder also Puzzlespiele erhalten, bei denen ein Bild nur dreimal geteilt ist, sollten sie nach einer gewissen Zeit, wenn sie die Teile mühelos zusammensetzen können, anderes Bildmaterial und schwierigere zusammensetzbare Formen erhalten (siehe S. 61). Wenn es den jüngeren Kindern keine Anstrengung mehr bereitet, Kugeln durch ein Tor zu rollen, muß eine neue Schwierigkeit hinzukommen, oder ein neues Spiel, das größere Handgeschicklichkeit erfordert, muß an die Stelle des ersten Spieles treten. Nur so ist es möglich, die Fähigkeiten der Kinder zu entwikkeln, neue Widersprüche bei ihnen entstehen zu lassen und sie allmählich an ein höheres Anspruchsniveau heranzuführen. Jedes Spiel muß von den Kindern Anstrengungen fordern und natürlich auch am Leistungsstand der Kinder anknüpfen. Die Kinder werden die Spiele so lange gern spielen, solange sie sich dabei anstrengen müssen und Erfolgsfreude empfinden. Wenn über diesen Zeitpunkt hinaus die Spiele weitergespielt werden, verlieren sie ihren Reiz. Den gesamten Tagesablauf für die Erziehung der Kinder sinnvoll zu nutzen, bedeutet auch, solche scheinbar am Rande liegenden Probleme gut zu durchdenken.

Viele in den Beschäftigungen eingeführte Spiele werden in der Spielzeit von den Kindern selbständig weitergespielt, sie gehen in ihren Spielschatz ein. Lotto, Domino und Quartett eignen sich hier sehr gut. In gemischten Gruppen sind einzelne Kindergruppen sinnvoll allein beschäftigt, wenn die Erzieherin gerade einer Gruppe etwas erläutert. Zur Förderung einzelner Kinder, denen bestimmte Denkoperationen schwerfallen, kann die Erzieherin ebenfalls didaktische Spiele anwenden.

Gezieltes Einfügen des didaktischen Spiels in den Tagesablauf unterstützt den Wechsel von Ruhe und Bewegung, gewährleistet das jeweils richtige Maß an Anforderungen. I. J. Radina schreibt dazu: „In erzieherischer

Hinsicht ist es von Bedeutung, zu welcher Tageszeit selbständig durchzuführende didaktische Spiele für die Kinder am günstigsten sind.
Für die Klärung dieser Frage ist folgendes zu beachten: erstens die allgemeine Verfassung der Kinder zu einer bestimmten Tagesstunde; zweitens der Grad der Anstrengung, den die Tätigkeit und die Beschäftigungen, die dem betreffenden Spiel vorangehen oder ihm folgen, von den Kindern erfordern; drittens die Möglichkeiten der Kindergärtnerin, den Ablauf des Spiels zu kontrollieren.
Bekanntlich verlangt ein didaktisches Spiel, das interessant ist, von den Kindern gleichzeitig, bestimmte Aufgaben zu lösen und genau die Spielregeln zu beachten. Wenn die Kinder in der Lage sein sollen, sich mit einem didaktischen Spiel zu beschäftigen, muß zunächst einmal ihr Gefühl angesprochen sein. Es sind aber des weiteren auch ein bestimmter Grad der Aufmerksamkeit, Aktivität im Denken sowie Geduld und Beherrschung notwendig. Die Morgenstunden gehören den Beschäftigungen, die von den Vorschulkindern die größten Anstrengungen verlangen. In den Pausen, die zwischen den Beschäftigungen liegen, sollen die Kinder nicht ermüden, sondern sich entspannen; denn sie brauchen unter allen Umständen eine Erholung von den geistigen Anstrengungen. Dafür eignen sich am besten die selbständig durchzuführenden Bewegungsspiele und die Spiele mit verteilten Rollen, zu denen auch einige didaktische Spiele gehören, beispielsweise „Kugeln rollen“ und „Tischkegel“; bei diesen Spielen wird dem Bewegungsdrang der Kinder entsprochen, außerdem sind die Regeln unkompliziert.
Bis zum Frühstück ist die Kindergärtnerin meist mit vielen organisatorischen Dingen beschäftigt. Aus diesem Grunde kann sie der Anleitung der Spiele nicht die nötige Aufmerksamkeit widmen, also weder den Inhalt noch die Spielregeln erläutern, noch den Verlauf eines Spiels kontrollieren. In diesen Stunden können die Kinder deshalb nur die ihnen bereits bekannten didaktischen Spiele durchführen.
Auf Spaziergängen kommen in erster Linie Bewegungs- und Rollenspiele in Frage. In der warmen Jahreszeit sind die Kinder meistens im Freien; wenn sie sich ohne Pause bewegen, werden sie leicht müde. Deshalb ist es angebracht, die Kinder durch ihnen bereits bekannte didaktische Spiele zu beschäftigen. Dadurch wird eine Verlagerung der Energie auf die Verstandesarbeit vorgenommen und gewissermaßen eine Atempause erzielt.
Die günstigste Zeit für die selbständige Beschäftigung der Kinder mit didaktischen Spielen sind die Stunden nach der Mittagsruhe, denn dann sind die Kinder ganz ausgeruht, sie können sich konzentrieren und sich in die Spielidee und die Regeln neuer Spiele vertiefen sowie die bereits bekannten Spiele mit Erfolg durchführen. Dieser Zeitpunkt eignet sich am

besten für das Bekanntwerden mit neuen Spielen. Beim Aufenthalt im Freien wird die Kindergärtnerin nicht durch andere Dinge in Anspruch genommen, sie hat also die Möglichkeit, der Anleitung des Spiels insgesamt die größte Aufmerksamkeit zuzuwenden und auch diejenigen Kinder zu beobachten, die mit didaktischem Spielzeug spielen. Sie kann mit einer ganzen Gruppe von Kindern oder auch mit einem einzelnen Kind spielen, andere wiederum beobachten, ihnen Ratschläge erteilen, etwas erklären und den Verlauf eines Spiels kontrollieren."[21]

---

[21] Radina, I. J.: Didaktische Spiele im Leben des Kindes und ihre pädagogische Anleitung. In: Die Rolle des Spiels im Kindergarten. Verlag der Akademie der Pädagogischen Wissenschaften der RSFSR, Moskau 1961, S. 88/89 (russ.)

Berücksichtigung der Altersbesonderheiten bei der Auswahl didaktischer Spiele[22]

„In der belletristischen Literatur gibt es ein sehr schönes Bild, das die Entwicklung des didaktischen Spiels bei den Kindern verschiedener Altersstufen charakterisiert und gleichzeitig die individuellen Unterschiede zwischen den Kindern widerspiegelt; es findet sich in der Erzählung von A. P. Tschechow ‚Die Kinderschar'. Einige Kinder spielen Lotto. Der vierjährige Aljoscha und die sechsjährige Sonja spielen allein um des Spielens willen. Aljoscha kennt noch keine Zahlen, eigentlich spielt er gar nicht, sondern freut sich nur darüber, daß er am Spiel der Größeren teilnehmen darf. Alle Tätigkeiten, die beim Spiel auszuführen sind, nehmen die anderen Kinder für ihn vor. Sonja hat den Sinn des Spieles begriffen, aber sie hat allein am Verlauf Freude. Anja (acht Jahre) und Grischa (neun Jahre) interessieren sich nicht für den Verlauf des Spiels, sondern für das Ziel und Ergebnis. Beide bemühen sich um ein Spielergebnis, allerdings aus verschiedenen Gründen. Anja will gewinnen, um ihrer Eigenliebe zu genügen: Sie spielt ehrlich und hält alle Regeln genauestens ein. Grischa bemüht sich um das Endergebnis, um einen Geldgewinn. Dieses eigennützige Interesse veranlaßt ihn, zu mogeln und die Spielregeln zu verletzen. Schließlich ist Andrej ganz und gar von der intellektuellen Seite des Spiels in Anspruch genommen und versenkt sich in die Arithmetik des Lottos."[23]

Kinder von drei bis vier Jahren: Die didaktischen Spiele sollen bei den Allerjüngsten, die erst in die Gruppe aufgenommen wurden[24], zusammen mit anderen Spielen eine lustbetonte Stimmung erzeugen, außerdem sollen sie das Eingewöhnen in die Gemeinschaft günstig beeinflussen, die

---

[22] Wir stützen uns bei der Ausarbeitung dieses Abschnittes auf folgende Arbeiten sowjetischer Wissenschaftler: Radina, I. J.: Didaktische Spiele im Leben des Kindes und ihre pädagogische Anleitung. In: Die Rolle des Spiels im Kindergarten. Verlag der Akademie der Pädagogischen Wissenschaften der RSFSR, Moskau 1961. Und: Didaktische Spiele. Didaktische Spiele als Erziehungsmittel und die Methode ihrer Durchführung. In: Regelspiele im Kindergarten, Utschpedgis, Moskau 1962

[23] Radina, I. J.: a. a. O. S. 35

[24] Der Kindergarten in der DDR gliedert sich in drei Gruppen: Jüngere, Mittlere, Ältere. Vom 3. bis zum 7. Lebensjahr durchläuft jedes Kindergartenkind diese Gruppen.

Kinder lehren, nebeneinander oder auch in kleineren Gruppen zu spielen. Diese Spiele lenken die Aufmerksamkeit der Kinder auf die konkreten Gegenstände in der Umwelt. Sie lehren sie, Gegenstände genauer zu sehen und zu unterscheiden. Als Material werden Volkskunstspielzeug, anderes Spielzeug, Gebrauchsgegenstände, Dinge aus Naturmaterial und kleine Bilder benutzt. Die Erzieherin nennt dabei Form und Farbe, bezeichnet das Größenverhältnis, nennt die Anzahl und zeigt verschiedene Tätigkeiten mit diesen Gegenständen. Die Kinder sollen dazu geführt werden, daß sie die einzelnen Bezeichnungen selbständig wiederholen und Wahrnehmung und Tätigkeit durch das Wort miteinander verbinden.

Die Spiele werden von Bewegungen begleitet; das dient der Entwicklung und Koordinierung der Bewegungen.

Am Spiel beteiligen sich kleine Gruppen: anfangs drei bis sechs, später bis zu acht Kindern, ein Spiel dauert drei bis fünf, später bis zehn Minuten. Ein und dasselbe Spiel kann mit verschiedenen Gruppen auch mit denselben Kindern mehrfach wiederholt werden. Ende des Jahres führt die Erzieherin auch einige Spiele mit der ganzen Gruppe durch. Jüngere Kinder müssen viele einfache Tischspiele und didaktisches Spielmaterial erhalten. Es wird nur eine einzige Aufgabe gestellt, die an eine leicht verständliche Regel gebunden ist. Mit Kindern, die das zweite Jahr die jüngere Gruppe besuchen, werden Spiele mit etwas schwierigeren Regeln und auch schwierigeren Spielhandlungen durchgeführt, die nun nicht mehr allein auf dem Nachahmungsvermögen der Kleinen beruhen, sondern teilweise schon auf selbständigen Tätigkeitsformen der Kinder.

Wir wollen einige Beispiele von didaktischen Spielen nennen, die mit jüngeren Kindern gespielt werden können:

Püppchen, wo bist du? — Mäuschen zieht um — Bunte Kugeln sammeln — Sortieren — Such den gleichen Gegenstand! — Die bunte Eisenbahn — Teddybär hat ein Blatt gefunden — Wir packen ein Paket — Wo ist das Osterei? — Viele Vögel und eine Katze — Eins und mehreres.

Kinder von fünf bis sechs Jahren: Im fünften Lebensjahr beginnen die Kinder zu fragen: Was, wie, wo, warum? Die Fragen zeigen, daß das Kind nicht nur die verschiedenen Gegenstände und Erscheinungen bemerkt, sondern auch noch mehr davon wissen will, mehr, als es selbst sieht. Die Fragen zeigen eine neue Entwicklungsstufe des Denkens an, die Antworten auf diese Fragen fördern die weitere Entwicklung. Das Kind ist jetzt auch schon viel selbständiger, und dadurch hat es die Möglichkeit, mit den Erscheinungen des Lebens in größerem Umfange bekannt zu werden.

Mit den erweiterten Vorstellungen ergibt sich die Möglichkeit der Systematisierung. Im fünften Lebensjahr eignet sich das Kind die ersten Fähigkeiten an, „über die Kenntnisse zu verfügen", das heißt, es wendet seine Kenntnisse unter verschiedenen Bedingungen und in verschiedenen Situationen an. Daher sind bereits Spiele aufzunehmen, die verlangen, früher erworbene Kenntnisse zu reproduzieren, und die darüber hinaus die Verbindung dieser Kenntnisse mit neuen ermöglichen. Das Gedächtnis, das Denkvermögen und die Vorstellung gewinnen an Bedeutung. Auch mit diesen Kindern werden Spiele mit Volkskunst- und anderem Spielzeug durchgeführt, aber die Beziehungen der Kinder im Spiel untereinander verändern sich. Die Kinder können jetzt schon in größeren Gruppen oder auch in der ganzen Gruppe zusammen spielen. Sie sind in der Lage, eine Erklärung bis zu Ende anzuhören, einen etwas schwierigeren Auftrag auszuführen und eine etwas kompliziertere Aufgabe, die vom Verstand zu lösen ist, herauszubekommen.

Das fünfte Lebensjahr ist das Alter für differenzierte Rollenspiele. Die Puppe wird in diesem Lebensalter zum Mittelpunkt vieler Spiele. Nachfolgend einige Spiele, die mit Fünfjährigen gespielt werden können:

Kugeln rollen zu einem Fähnchen – Murmeln – Angelspiel – Wer kennt die Farben? – Bunte Teller – Der Wunderbeutel – Was wurde verändert? – Bilderlotto – Meister, gib uns Arbeit auf! – Zuwerfen – Lustige Tiergeschichten – Perlenraten – Gegenstände legen – Unsere Püppchen fahren Karussell – Einzahl – Mehrzahl.

Kinder von fünf bis sieben Jahren: Die Stufe der geistigen Entwicklung älterer Vorschulkinder ist durch differenzierte Vorstellungen fixiert. Die Kinder besitzen Kenntnisse, nicht nur von den Dingen aus der nächsten Umwelt, sondern auch über Gegenstände und Erscheinungen, die ihnen aus Erzählungen und Büchern bekannt sind und mit deren Hilfe sie analoge Vorstellungen zu den bereits vorhandenen bilden können. Dadurch wird auch der Inhalt der didaktischen Spiele bestimmt. Die didaktischen Spiele konzentrieren sich hier nicht allein auf das Bekanntwerden mit den Gegenständen durch die Sinnesorgane (auf das Bekanntwerden mit den Eigenschaften der Gegenstände), sondern in den Spielen kommen auch Erscheinungen des Lebens vor, die schon viel weiter verallgemeinert sind und deren Inhalt schwieriger ist.

Eine charakteristische Besonderheit der Kinder dieser Altersstufe ist ihr Bemühen um größere Selbständigkeit bei den Spielen, des weiteren ihr Interesse an der exakten Einhaltung der Spielregeln; bei den Spielhandlungen sind die Kinder in der Lage, selbst Initiative zu entwickeln, auch das Spiel mitunter noch schwieriger zu gestalten und seinen Verlauf zu kontrollieren. Sie sind beim Spiel viel länger aufmerksam als in den jüngeren Gruppen. Sie zeigen größere Vorstellungskraft, deshalb können auch die Spielregeln schwieriger werden.

Wortspiele und solche Spiele, die geistige Anstrengungen erfordern, werden in größerem Maße angewendet.
Da die Kinder sich jetzt von der subjektiven Grundhaltung des Kleinkindes weitgehend gelöst haben, können sie ohne Schwierigkeiten in großen Gruppen spielen, und es sind jetzt Elemente des Wettbewerbs möglich. Natürlich sollen sie auch in kleineren Gruppen spielen oder Spiele mit zwei Partnern ausführen, wie das beim Damespiel erforderlich ist. Die Kinder zeigen großes Interesse am Inhalt und an der Art und Weise der Spiele, und dieses Interesse führt zur Bildung von kleinen Freundesgruppen, die für eine gewisse Zeit bestehenbleiben.
Bei den Spielen, die die Kinder vorbereitend auf die Schulzeit spielen, werden die Kenntnisse und Eindrücke, die in mehreren Jahren entstanden sind, gewissermaßen insgesamt verallgemeinert und systematisiert, das heißt in neue Beziehungen und Verbindungen zueinander gesetzt; dadurch werden sie noch genauer.
Die Kinder sind in der Lage, nicht nur die Eigenschaften der Gegenstände zu erkennen, sondern gleichzeitig auch die entsprechenden gegensätzlichen Eigenschaften dazu anzuführen. Das beweist, daß die Eindrücke in beträchtlichem Maße verstandesmäßig durchgearbeitet und geordnet worden sind, und zeigt die Fähigkeit der Kinder, erworbene Kenntnisse anzuwenden.
Bei didaktischen Spielen kann daher der intellektuelle Inhalt mehr in den Vordergrund treten. Die Grundlage der meisten Spiele ist das Wort, das den Gegenstand bezeichnet, und nicht der Gegenstand selbst; sehr viele Spiele fußen nicht auf unmittelbarer Beobachtung, sondern beruhen auf der Reproduktion der Vorstellungen, die früher einmal entstanden sind. Die Kinder verstehen jetzt, wenn man sich nur mit Worten an sie wendet, sie begreifen die Erläuterungen der im Spiel gestellten Aufgabe und geben eine nur aus Worten bestehende Antwort.
Im Zusammenhang damit kommt den didaktischen Spielen bei der Entwicklung des Gehörs und der visuell-akustischen Analyse eine große Bedeutung zu; außerdem gewinnen Spiele an Bedeutung, durch die die Feinmuskulatur der Finger entwickelt wird und die die Fingerbewegungen koordinieren, denn beides ist sehr wichtig bei den vorbereitenden Übungen der Hände und Finger für das Schreiben.
Ältere Vorschulkinder interessieren sich sowohl für den Verlauf des Spieles als auch für das Endresultat. Das ist ein wichtiger Bestandteil der Aufgabenhaltung, die beim Eintritt in die Schule erreicht sein und die spielerische Freude an der Tätigkeit dann ablösen soll. Didaktische Spiele können diese sich anbahnende neue Fähigkeit entwickeln helfen. Die Erzieherin wird deshalb geschickt das Endresultat betonen.

Einige Beispiele für didaktische Spiele in dieser Gruppe:
Knips – Fliegende Deckel – Fang den Ball! – Bildgeschichten – Woraus ist der Gegenstand hergestellt? – Reise durch das Zimmer – Finde den Beruf! – Was transportieren wir? – Zweige und Früchte – Blumen auf dem Spaziergang – Wer ist weiter? – Ergänze meinen Satz! – Spiele mit der Rechenuhr – Finde dein Haus – Selbstbedienungsladen.

Zusammenfassende Bemerkungen: J. I. Radina schreibt: „Man kann aus den Versuchen und Beobachtungen, die in allen Altersgruppen des Kindergartens durchgeführt wurden, die Schlußfolgerung ziehen, daß die Entwicklung des didaktischen Spiels im Vorschulalter bei rein emotionalen Motiven beginnt (beim Interesse am didaktischen Spielzeug und am Spielverlauf), sie führt dann weiter über die sinnvolle, zielbewußte Handlung und Tätigkeit, wobei bereits intellektuelles Interesse auftritt, bis zum richtigen Erfassen der rein didaktischen Aufgaben und der Spielregeln."[25]

In nachfolgender Übersicht wird versucht, die charakteristischen Merkmale des didaktischen Spiels für die einzelnen Altersstufen zu kennzeichnen.

---

[25] Radina, I. J.: Didaktische Spiele im Leben des Kindes und ihre pädagogische Anleitung. In: Die Rolle des Spiels im Kindergarten. Verlag der Akademie der Wissenschaften der RSFSR, Moskau 1961, S. 35

Altersstufe	Spielmaterial	Aufgaben und Inhalt	Spielregeln	Hinweise zur Anleitung der Spiele
3–4 Jahre	Spielzeug, Gebrauchsgegenstände, Naturdinge aus der engeren Umwelt der Kinder.	Bestimmen von Farbe, Form, Größe, Anzahl u. a. Eigenschaften der Dinge. Einfache Unterschiede oder völlige Übereinstimmung der einzelnen Gegenstände. Vorstellungen von der Lage der Gegenstände im Raum präzisieren. Entwicklung des räumlichen Orientierungsvermögens. Koordinierung und Entwicklung der Bewegung (von Arm, Hand, Finger) – Entwicklung des Augenmaßes. Üben des lautreinen, grammatikalisch richtigen Sprechens – Wortschatzerweiterung. Anbahnung von Elementen positiver sozialer Verhaltensweisen (Wunsch zurückstellen, warten, sich einordnen).	Spielregeln beziehen sich vorwiegend auf die richtige Handhabung der Spielgegenstände und die Erfüllung zunächst einer Aufgabe. Nebeneinander spielen, ohne zu stören – Spielzeug mit anderen teilen – Tätigkeiten und Handlungen anderer Kinder verfolgen – warten, bis man an der Reihe ist – usw.	Die Kinder allein oder in kleinen Gruppen (zuerst 3 bis 5, dann 5 bis 8 Kinder) spielen lassen. Dauer zuerst 3 bis 5, dann bis 10 Minuten. Möglichst alle Kinder gleichzeitig am Spiel beteiligen. Später kurze Spieltätigkeiten nacheinander ausüben lassen. Spielhandlung beruht auf unmittelbarer Wahrnehmung durch Nachahmen der Tätigkeiten. Später selbständige Tätigkeit der Kinder. Ausführliches anschauliches Vormachen der Erzieherin, die selbst mitspielt. Spielregeln während des Spiels nach und nach im Verlauf der probeweisen Spielhandlung einführen. Erläutern durch Vorspielen und Vorzeigen, eng verbunden mit der Spielhandlung.

Altersstufe	Spielmaterial	Aufgaben und Inhalt	Spielregeln	Hinweise zur Anleitung der Spiele
4–5 Jahre	Gegenstände und Spielmaterialien der jüngeren Kinder werden weiter benutzt, Abbildungen von Gegenständen und Erscheinungen kommen hinzu.	Reproduktion früher erworbener Kenntnisse. Präzisieren der Vorstellungen von Gegenständen – mehrere Merkmale und Einzelheiten einbeziehen und geringere Unterschiede bezeichnen. Entwicklung elementarer Begriffe. Erste Zu- und Unterordnung der Gegenstände in räumliche und zeitliche Beziehungen. Kompliziertere Aufgaben, die größere Anstrengungen in der geistigen Tätigkeit, Beobachtungsfähigkeit und längere Aufmerksamkeit fordern. Spiele zur Koordinierung der Oberarm- und Handbewegung und deren visuelle Kontrolle. Anleitung zum selbständigen Organisieren gemeinsamer Tätigkeiten.	Mehrere Spielregeln zur exakten Durchführung der Spielaufgabe können gegeben werden. Spielregeln beachten, die zu guten Bindungen zum Spielpartner beitragen. Erfolge anderer Kinder anerkennen – beobachten, ob die anderen Kinder richtig spielen. Aufgabe bis zu Ende durchführen bzw. wiederholen – usw.	Kinder spielen in größeren Gruppen. Vorwiegend so vorgehen, daß alle Kinder gleichzeitig spielen. Interesse der Kinder an der Spielhandlung festigen, ihre Freude am Erfolg (Ergebnis) beachten. Spiele wiederholen und variieren, aber die Spielregeln nicht zu leicht gestalten, damit sich die Kinder für die Qualität der Spiele interessieren. Da sich die Kinder teilweise zum Gewinn noch gleichgültig verhalten, nur wenig Gewinnspiele. Wettbewerb in bezug auf Genauigkeit ist möglich. Aufgaben und Spielregeln durch anschauliches Vormachen und durch das Wort erläutern.

Altersstufe	Spielmaterial	Aufgaben und Inhalt	Spielregeln	Hinweise zur Anleitung der Spiele
5–7 Jahre	Gegenstände und Abbildungen werden mehr und mehr durch Worte und Wortspiele ersetzt; denn es ist nicht immer die unmittelbare Anschauung erforderlich. Das von jüngeren Kindern verwendete Material kann weiter benutzt werden, wenn es die Bestimmung genauer Merkmale des Lebens in Natur und Gesellschaft und mehrere Spielvarianten, vor allem das selbständige Spiel der Kinder zuläßt. Bestimmte Zeichen oder Hinweise sollen eine Selbstkontrolle der Kinder beim Spiel ermöglichen.	Gegenstände und Erscheinungen des Lebens werden weiter verallgemeinert – Einordnen der Erscheinungen in größere Zusammenhänge – Ordnen der Gegenstände unter Begriffe. Vertiefen der Vorstellungen von der Arbeit und dem Leben der Menschen und von Tieren und Pflanzen in der Natur. Eindrücke aus Erzählungen und Bilderbüchern werden zum Inhalt der Spiele. Spiele, die geistige Anstrengungen, längere Aufmerksamkeit und schöpferische Initiative der Kinder zur Veränderung der Spielhandlung erfordern. Spiele, die die motorische Erfahrung der Kinder begünstigen, die Entwicklung des Augenmaßes und die Koordinierung der Bewegung fördern und rasches Reagieren ermöglichen.	Regeln und Aufgaben nur allmählich schwieriger werden lassen. Regeln wählen, die zu persönlichen Anstrengungen führen und sich nicht auf zufällige Erfolge gründen. In einem Spiel können ihrem Inhalt nach unterschiedliche Spielregeln für verschiedene Teilnehmer gelten. Spielregeln aufstellen, die größeres Interesse am Spiel der anderen Kinder wecken, zunehmende Selbständigkeit gewährleisten und größere gegenseitige Kontrolle ermöglichen. Regeln können Elemente des Wettbewerbs enthalten (schnell und genau). Regeln, die den Gewinn betreffen, spornen die Kinder an.	Die Erzieherin hilft die Spielhandlung zu organisieren. Sie weckt Interesse an der Art und Weise, wie die Aufgaben gelöst werden. Sie fordert, die Aufgaben und Regeln genau und möglichst selbständig zu erfüllen, und erzieht die Kinder dazu, selbst Initiative zu entwickeln, Spielhandlungen zu erfinden und zu verändern. Vor dem Spiel Klarheit über die Spielregeln schaffen. Vorwiegend wörtliche Erläuterung der Spielregeln, nur teilweise noch vorzeigen. Kinder, die das Spiel beherrschen, zeigen es den anderen Kindern (bes. bei Tischspielen). Spielregeln, soweit das möglich ist, begründen. Die Leistungen der Kinder im Spiel so einschätzen, daß die Spielfreude erhalten bleibt. Organisieren gemeinsamer differenzierter Tätigkeiten und selbständiges Lösen der Aufgaben.

Entwicklung der Differenzierungsfähigkeit im anschaulich-konkreten Bereich

Das Kleinkind orientiert sich in seiner Umwelt durch die tätige Auseinandersetzung mit den objektiven Gegebenheiten, wobei zunächst das konkret-anschauliche Denken auf der Grundlage der Wahrnehmung dominiert. Das konkret-anschauliche und situative Denken besitzt im Gegensatz zum sprachlich-logischen, das sich nur allmählich entwickelt, eine unmittelbare Beziehung zum widergespiegelten Objekt. Bei der Auseinandersetzung mit der Umwelt sind die verschiedensten Wahrnehmungsbereiche des Kindes – der optische, akustische, taktile, der kinästhetische usw. – von besonderer Bedeutung. Deshalb kommt es für den Erzieher darauf an, mit Hilfe des didaktischen Spiels möglichst viele Sinnesbereiche der Kinder anzusprechen. Die Wahrnehmung vermittelt die Daten, über die wir nachdenken und die wir zu Wissenssystemen verknüpfen, mit deren Hilfe wir die Welt erkennen. Ohne sie würde es keinen Gedanken, keine Gefühle, keine Tätigkeit geben. Dabei wirken unsere Gedanken und Gefühle erneut auf die Wahrnehmung ein.

Ergibt jedoch die einfache Wahrnehmung, besonders bei kleinen Kindern, bereits das richtige Material, auf dessen Grundlage sich das Wissenssystem aufbauen kann? Die Psychologie vermag darauf eine Antwort zu geben: Die Wahrnehmung des Kindes ist im Anfangsstadium, in den ersten Jahren noch ganzheitlich und wenig gegliedert. Einige Hinweise dafür ergeben sich aus der Eigenart der Zeichnungen von Dreijährigen: Sie geben meist nur grobe Züge der Wirklichkeit wieder, es fehlen zum Beispiel am Menschen Einzelheiten, er besteht zunächst nur aus dem Kopf und den Füßen, weil diese für das Kind sehr wichtig sind.

Wie entwickeln wir die Beobachtungsfähigkeit durch das didaktische Spiel?

Für den Aufbau eines Wissensystems ist es wichtig, die Aufmerksamkeit des Kindes bewußt auf das Wesentliche der Umwelt zu richten, auf die für eine bestimmte Fragestellung wichtigen Bestandteile, die für eine Tätigkeit wesentlichen Teile eines Dinges, die für das Erkennen des Wesentlichen notwendigen Vorgänge usw. Die Wahrnehmung wird dabei mit Denkprozessen verbunden und wird so zu einem bewußten, zielstrebigen Vorgang, den wir dann als Beobachten bezeichnen.

Es gibt eine Reihe didaktischer Spiele, die mit ihren Regeln das Kind anleiten, bestimmte Veränderungen, festgelegte Einzelheiten, angegebene Teilbereiche gründlich zu beobachten. Sie fordern zum Beispiel: „Suche das gelbe Auto!", das „kleine Auto", „die stachelige Frucht"; oder: „Suche, was dazugehört!" Sie können auch in Form von Fragen die Aufmerksamkeit des Kindes auf das zu Beobachtende lenken: „Was fehlt an dieser Mütze?" „Was ist auf diesem Bild falsch?" „Was hat sich in der Zwischenzeit verändert?" und ähnliches.

Weil diese Aufgaben in spielerische Tätigkeiten eingebaut sind, die Freude, Spannung und Erregung erzeugen, löst das Kind sie leicht und gern. Auch die soziale Umwelt – die Tatsache zum Beispiel, daß die anderen Kinder gespannt auf die Antwort warten – spornt das Kind an. Die richtige Antwort löst in ihm Stolz und Zufriedenheit aus. Gerade diese Tatsache ist überaus wichtig. Wir können beobachten, daß Kinder nach einem solchen Spiel von sich aus auch draußen im Freien plötzlich einige Such- und Beobachtungsspiele inszenieren. Sie fragen einander: „Was habe ich versteckt?" „Was fehlt in meiner Hand?" „Was hat sich verändert?" Es wird so nicht nur Beobachtungsfähigkeit, sondern auch eine beobachtende Haltung anerzogen, die dazu führt, daß das Kind weit aufmerksamer seine Umwelt betrachtet als vorher. Das Kind bildet sich damit nach diesem Anstoß von seiten des Erziehers auch selbst weiter.

Wie schulen wir die Differenzierungsfähigkeit durch das didaktische Spiel?

Wie schon gesagt, sind Wahrnehmungen des kleinen Kindes am Anfang noch recht ungegliedert. Fragt man zum Beispiel ein Dreijähriges nach dem Unterschied zwischen zwei Puppen, wird es mit dieser Frage nichts anzufangen wissen. Es sieht uns erstaunt an und sagt: „Das ist eine Puppe – und das ist auch eine Puppe!" Erst durch geschicktes Hinweisen auf Einzelheiten – unterschiedliche Kleidung, unterschiedliche Größe, Beschaffenheit der Haare – kann man das Kind dahin führen, einzelne Bestandteile zu beachten. Aber auch das gelingt zunächst nur bei den stark sichtbaren Unterschieden. Das Kleinkind ist noch nicht in der Lage, einen Gegenstand in seine Bestandteile zu zerlegen, ihn zu „analysieren", was ja voraussetzt, daß man einen Teil heraushebt und von den anderen Teilen, aus denen der Gegenstand besteht, zunächst absieht. Man drängt diese zurück, das bedeutet, man abstrahiert bereits – allerdings auf der Ebene des Anschaulich-Konkreten. Diese Fähigkeit muß beim Vorschulkind entwickelt werden. Sie wird bei seinem Eintritt in die Schule eine wichtige Rolle spielen. Es soll dann bereits „Teilbeachter" sein, damit es aus dem Wort den einzelnen Buchstaben, aus der Ziffer den einzelnen Strich, aus der Menge den einzelnen Bestandteil, aus dem Satz das einzelne Wort herausfinden kann. Wir müssen ihm deshalb helfen, die Teilbeachtung zu erlernen. Didaktische Spiele tragen dazu bei, indem sie zum Beispiel durch ihre Regeln fordern: „Zeige, welches Haus kleiner ist!“ „Sage, welche Puppe die rote Mütze hat!“ „Laufe zu mir, wenn das grüne Licht leuchtet!“ „Du darfst dir ein Plättchen nehmen, wenn du auf dem Würfel das Dreieck siehst!“ usw. Nicht nur die Regeln, sondern auch das Material fordert vielfach zum Erkennen immer feiner werdender Unterschiede einzelner Teile auf: der Würfel, auf dessen einzelnen Seiten geometrische Figuren angebracht sind, das Puzzlespiel, das in immer feinere Teile zerlegt werden kann. Diese Differenzierung muß auf allen Sinnesgebieten erfolgen; es ist deshalb auch nötig, Gehörseindrücke, Tasteindrücke und eventuell auch Geschmackseindrücke in gleicher Weise zu differenzieren. Auch das kann mit Hilfe spielerischer Betätigungen, die man durch Regeln in bestimmte Bahnen und Verlaufsformen leitet, also durch didaktische Spiele, angestrebt werden. Diese Differenzierung stellt die Grundlage für eine tiefe, gründliche Erfassung der objektiven Realität dar.

Die genannte Zielstellung, die Wahrnehmungsdaten zu differenzieren und zur zielstrebigen Beobachtung zu befähigen, ist schon mit Denkprozessen verbunden und kann nur mit Hilfe der Sprache gelöst werden. Die Sprache „organisiert“ die Beobachtungstätigkeit der Kinder, sie schlägt sich in den Regeln nieder, nach denen die Beobachtung durchzuführen ist, sie ermöglicht überhaupt erst die differenzierte Beobachtung. Das Kind kann über das Beobachtete nur wirklich verfügen, wenn es sprachlich gebunden wird. Im frühen Stadium fehlen dem Kind nicht nur die Erfahrungen, sondern für das Beobachtete auch die sprachlichen Symbole.

Wenn zum Beispiel das Kind mit drei Jahren Farbbezeichnungen wählt, weil es das vom Erwachsenen hört, können wir zunächst feststellen, daß es diese Bezeichnungen willkürlich und nicht dem wahren Sachverhalt entsprechend anwendet. Es sagt „rotes Auto“, um den Unterschied zu einem anderen zu kennzeichnen, aber wenn es zum Beispiel sagt: „Diese Kirsche ist schon rot!“, meint es damit das Stadium der Reife, also einen ganzheitlichen Zustand. Es wendet den Begriff „rot“ auf ganz verschiedene Sachverhalte an. Wenn man es fragt, wie das Auto oder das Kleidungsstück aussieht, kann es die Farbbezeichnung noch nicht richtig anwenden, weil es noch nicht in der Lage ist, vom Gegenstand zu abstrahieren. Für die erzieherische Arbeit an der Differenzierung der Wahrnehmungstätigkeit und des Denkens ist es deshalb wichtig, mit dem beobachteten Sachverhalt immer sofort das Wort als das Signal für diesen Sachverhalt zu benutzen. Wenn wir den „kleinen“ Klotz, den „roten“ Ball, die „rauhe“ Schale vom Kind zeigen lassen, müssen wir selbst diese Worte deutlich aussprechen und diese Verknüpfung von Wort und Erscheinung auch vom Kinde fordern. Darauf ist beim Organisieren solcher didaktischer Spiele zu achten. Es sind passende differenzierte Begriffe zu verwenden, die das Beobachtete möglichst treffend charakterisieren. Das ist für das bewußte Erfassen des Beobachteten und für die echte geistige Durchdringung und Bewältigung unbedingt notwendig.

Kennenlernen von Größenunterschieden

Wir packen die Kästchen aus und ein[26]*

Aufgabe: Die Kinder erkennen verschiedene Größen.
Material: Würfelturm.
Spielverlauf: Die Erzieherin regt an:
„Wir bauen eine Treppe und laufen mit zwei Fingern hinauf und hinunter."
„Wer baut den höchsten Turm?"
„Welcher Kasten (Würfel) fehlt?"
(Zwischenwürfel wegnehmen und nach Farbe oder Reihenfolge den fehlenden Würfel suchen lassen; mit drei Würfeln beginnen!)

*Mäuschen zieht um**

Aufgabe: Die Kinder unterscheiden und ordnen verschiedene Größen.
Material: Würfelturm, kleine Figuren.
Spielverlauf: Jedes Kind erhält zu seinem Turm eine kleine Tierfigur oder ähnliches und muß dies nach folgender Erzählung in den Würfelkasten legen beziehungsweise einschließlich diesem in einen größeren oder kleineren Kasten stecken: Das „Mäuschen" liegt im kleinsten Würfelkästchen und frißt; es wird ihm zu eng darin, es zieht in das nächstgrößere um. Das wird gesteigert (wiederholt), bis es im größten Kästchen liegt.
Nun friert das „Mäuschen" plötzlich, es zieht mit seinem Kästchen in den nächstkleineren Würfelkasten um (ineinanderschachteln), bis es wieder im kleinsten Kästchen liegt und zufrieden schläft. Beliebige Varianten des Spieles, zum Beispiel das Auftreten einer „Katze", die das „Mäuschen" fangen will, lassen sich erfinden, um die Wiederholung für unsere Jüngsten reizvoll werden zu lassen.

---

[26] Die mit einem * gekennzeichneten Spiele können auch von einem Kind allein gespielt werden. Spiele ohne Angabe sind für eine Gruppe von etwa 20 Kindern gedacht.

*Wir zaubern**

Aufgabe: Die Kinder unterscheiden und ordnen verschiedene Größen.
Material: Würfelturm.
Spielverlauf: Die Kinder schauen zu, wie die Erzieherin die seitlich der Größe nach geordneten, nach einer Seite offenen Würfelkästen mit einer Bewegung ineinanderschiebt. Danach üben die Kinder das gleiche. Zuletzt „zaubern" sie um die Wette die Kästchen in das größte hinein.

*Püppchen, wo bist du?**

Aufgabe: Die Kinder unterscheiden und ordnen verschiedene Größen.
Material: Steckpüppchen (Matrjoschka). Es eignen sich auch in verschiedenen Größen hergestellte Tütenpüppchen.
Spielverlauf: Die größte Puppe ruft die kleinere Puppe, diese (bestimmtes Kind) ruft, nachdem sie aus der größten herausgehoben wurde, wieder die kleinere, diese die wiederum kleinere, diese die allerkleinste. Man kann auch an der Farbe der Kopftücher, der Schürzen und ähnlichen Merkmalen üben, die Püppchen zu unterscheiden. Wenn alle Püppchen aufgestellt sind, rufen nacheinander die dafür bestimmten Kinder: „Püppchen, versteck dich!" Man kann nun die genaue rückwärtige Reihenfolge einhalten lassen oder ein beliebiges Püppchen (nach Auszählreim) in ein anderes „verstecken" lassen, ohne daß es die anderen Kinder sehen können (unter dem Tisch, unter einem Tuch).

Wer das versteckte Püppchen findet, das heißt, wer errät, in welcher Puppe es steckt, darf das nächste Püppchen verstecken.
Variante: Wer findet das richtige Röckchen?
Die Erzieherin erzählt, daß die Püppchen in den Wind hinausgelaufen und umgefallen sind, dabei haben sie ihr Röckchen (Unterteil) oder ihr Blüschen (Oberteil) verloren. Die Kinder werden aufgefordert, nacheinander für eines der in der Tischmitte bunt durcheinanderliegenden, auseinandergenommenen Püppchen das passende Röckchen zu suchen.

*Der zerlegbare Fridolin**

Aufgabe: Farben werden unterschieden, die Begriffe „groß“ und „klein“ angewendet und Mengenvorstellungen gefestigt.
Material: zerlegbare Puppe.

Spielverlauf: Die Kinder, die das Spielzeug schon kennen, erhalten die Aufgabe, die Scheiben in einer bestimmten Reihenfolge auf den Stab zu stecken. Das kann nach Diktat erfolgen, nach natürlicher Vorlage oder nach einer Wandtafelzeichnung beziehungsweise einer kleinen Fotografie.

Geschicklichkeitsübungen

*Einfache Spiele mit Kugeln**

Aufgabe: Oberarm- und Handbewegungen werden koordiniert und visuell kontrolliert.
Material: bunte Kugeln.
Spielverlauf: 1. Hin- und herrollen einer Kugel, erst einer größeren, später einer kleineren.
2. Rollen der Kugel von einem Kind zum anderen, mit kurzem, später mit größerem Zwischenraum.
3. Durch leichtes Anstoßen der Kugel in ein gut zu treffendes großes Ziel (Netz am Tischende, aufgestellter Kasten, aufgebautes Tor u. ä.) rollen. Kugel oder kleinen Ball um die Wette in ein großes Ziel rollen.
4. Zielen nach vier bis sechs großen Hängekugeln. Eine bestimmte Farbe (Kugel) dabei treffen. Jedes Kind zielt nach einer anderen vorher bestimmten Farbe.

Zur Erleichterung des Zielens kann man vor das Ziel kleine farbige Reifen (Bogen) aufstellen.
Diese Übungen dienen der Vorbereitung auf das Kegeln, Bilboquet, Fliegende Deckel und ähnliche Spiele.

*Tischkegel**

Aufgabe: Die Kinder üben gezielte Bewegungen des Armes und der Hand, kontrollieren mit dem Auge ihre Bewegungen, lernen Entfernungen und Wurfstärke einschätzen, üben Geduld und Ausdauer.
Material: 9 Kegel, 1 Kegelkugel, Tisch mit niedrigem Rand.
Spielverlauf: Die neun Kegel werden um den größten Kegel gruppiert und an einem Ende des Tisches aufgestellt. Die Kinder stehen geordnet am entgegengesetzten Tischende und rollen die Wurfkugel in Richtung der Kegel. (Es ist günstig, einen Wurfpfeil auf den Tisch zu zeichnen.)
Abwechselnd kegelt jedes Kind, alle zählen die Treffer mit, die Erzieherin notiert sie und gibt das Ergebnis bekannt. Das Kind, welches die meisten Kegel traf, darf als erstes das neue Spiel beginnen.
Varianten: a) Von neun Kegeln darf nur einer getroffen werden.
b) Der größte Kegel muß getroffen werden.

Tischkrocket

Aufgabe: Zielgerichtete Bewegungen werden entwickelt, und das Augenmaß wird geschult.
Material: 2 bis 3 aufstellbare Reifen, kleine Kugel (handgroß), Krocketschläger.
Spielverlauf: 1. Als Vorübung wird die Kugel mit der Hand von einem Kind zum anderen durch einfache breite Rinnen gestoßen.
2. Die Kugel wird durch zwei bis drei als Tunnel aufgestellte Reifen gekugelt und muß die dahinter aufgestellte Säule umstoßen.
3. Die Kugel wird auf den gleichen Weg geschickt, aber mit dem Krocket.

*Fliegende Deckel**

Aufgabe: Die Kinder üben zielgerichtete Bewegungen der Hand und des Armes, sie schulen das Augenmaß.
Material: eine Anzahl farbiger Pappdeckel in mehreren Größen.
Spielverlauf: Dieses beliebte alte russische Volksspiel wird eigentlich von Jugendlichen oder Erwachsenen gespielt. Eine Anzahl von Pappdeckeln wird in bestimmter Anordnung und genauer Entfernung vom Spieler

auf den Boden ausgelegt. Der Spieler erhält die gleiche Anzahl von Wurfdeckeln und versucht, diese nacheinander genau auf die ausgelegten Deckel zu werfen, so daß sie völlig bedeckt werden. Mit den Vorschulkindern kann das Spiel zuvor in einfacheren Formen geübt werden.

Varianten: a) Jedes Kind erhält drei Deckel und muß sie in eine der am Boden angebrachten Vertiefungen (Sandkuhle) werfen.
b) Die Deckel müssen in eine Vertiefung von bestimmter Farbe geworfen werden (farbiger Deckel liegt darin).
c) Es werden einige farbige Deckel (größer als Wurfdeckel) auf dem Tisch oder Fußboden in geringen, gleichmäßigen Abständen ausgelegt. Die Kinder versuchen, ihren Deckel auf einen beliebigen Deckel zu werfen, so daß er diesen bedeckt. Später sollen sie eine bestimmte Farbe, eine bestimmte Größe treffen. Die Deckel werden in größeren Abständen voneinander ausgelegt.

*Fangbecher**

Aufgabe: Die Kinder üben geschickte, zielgerichtete Bewegungen des Armes.
Material: Fangbecher.

Spielverlauf: Jedes Kind versucht, den Ball mit geschickten Schleuderbewegungen in Schwung zu versetzen und im Fangbecher durch rasche Fangbewegung zu fassen.
Varianten: a) Zwei bis drei Kinder versuchen, im Wettbewerb den Ball einzufangen.
b) Die Schnur wird verlängert, Fangbecher und Kugel werden in kleinerer Ausführung gegeben.

*Ballwerfen**
(Zielwerfen und Stoßen)

Aufgabe: Gezielte Armbewegungen und das Augenmaß werden geschult; die Begriffe „größer“ und „kleiner“ werden gefestigt.
Material: Vorrichtung mit drei hängenden Fangnetzen in verschiedenen Größen, 3 Bälle in verschiedenen Größen.

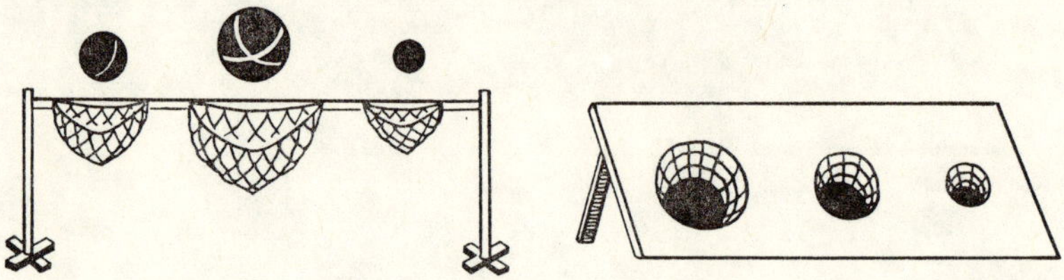

Spielverlauf: Jedes Kind übt, die Bälle in die verschiedenen Öffnungen beziehungsweise Netze zu werfen. Es beginnt mit dem größten Ball in die größte Öffnung bei geringem Abstand, danach wird der Abstand vergrößert. Es wirft mit einem kleineren, dann mit dem kleinsten Ball in die große Öffnung. In gleicher Weise üben die Kinder das Zielwerfen in die weiteren Netze, wobei die Schwierigkeiten ebenfalls allmählich gesteigert werden. Haben alle Kinder einige Fertigkeiten erlangt, werfen sie nach bestimmten schnell wechselnden Angaben der Erzieherin.
Beispiel: Nacheinander in alle drei Netze mit jeweils kleinerem Ball. Bei drei Treffern gibt es einen kleinen Preis.

Fang den Ball!

Aufgabe: Die Kinder üben geschickte Armbewegungen.
Material: 2 kleine, an Stangen befestigte Fangnetze und entsprechende Tennis- oder Stoffbälle.
Spielverlauf: Die Kinder üben, den von der Erzieherin geworfenen Ball (oder die Bälle) mit dem Netz zu fangen. Sie werfen später selbst einem Kameraden den Ball zu, so daß er ihn fangen kann. Nach gewisser Übung

fangen sie um die Wette. Dazu können kleine Gruppen (2) gebildet werden, die miteinander wetteifern.

*Ballstoßen**

Aufgabe: Die Kinder üben geschickte Armbewegungen.
Material: Netzvorrichtung mit am Seil befestigtem leichten Ball.

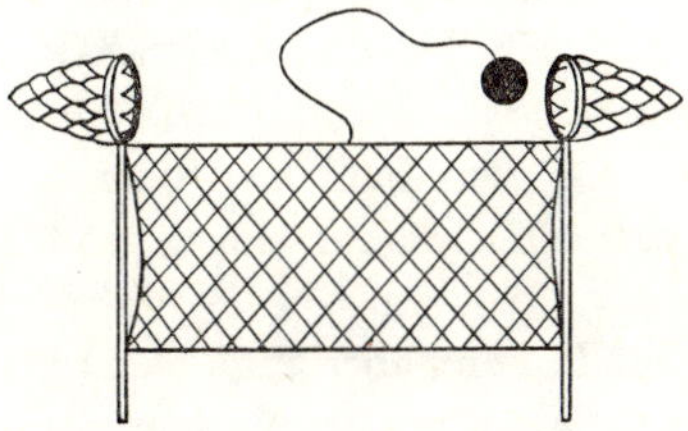

Spielverlauf: Ähnliche Anforderungen wie im Spiel Bilboquet (Fangbecher).
1. Die Kugel muß mit zwei Händen gestoßen werden.
2. Die Kugel wird im mittleren Netz gefangen oder mit der rechten oder linken Hand in die kleinen Netze gestoßen.
3. Die Kugel wird aus dem rechten Netz in das linke gestoßen oder umgekehrt, oder in das mittlere.

Kugeln rollen zu einem Fähnchen

Aufgabe: Die Kinder sollen sich schnell und sicher im Raum bewegen.
Sie erkennen, benennen und finden eine bestimmte Farbe wieder.
Material: bunte Kugeln, kleines Fähnchen.
Spielverlauf: Die Erzieherin läßt jeweils zwei Kinder eine Kugel auswählen, diese auf ein Zeichen von ihr zu einem Fähnchen und um dieses herum rollen, anschließend in einen Korb legen. Wer zuerst wieder auf seinem Platz sitzt, hat gewonnen.
Varianten: a) Die Farbe der Fähnchen wird ausgewechselt. Die Kinder müssen jeweils die Kugel heraussuchen, die die gleiche Farbe des Fähnchens hat.
b) Die Farbe der Kugel muß nicht die des Fähnchens sein, sie muß aber gut zu der Farbe des Fähnchens passen (z. B. gelbrot, gelbschwarz, grünweiß o. a.).
c) Es werden zwei Spielgruppen gebildet. Jeweils zwei Kinder rollen eine Kugel zu einem Fähnchen, legen sie in ein bereitstehendes Behältnis und

setzen sich schnell wieder auf ihren Platz. Welche Gruppe hat gewonnen? Das Spiel kann auch im Freien durchgeführt werden (evtl. mit Gummibällen).

*Murmeln**

Aufgabe: Die Geschicklichkeit – besonders der Handbewegungen – sowie richtiges Abschätzen des Zieles mit dem Auge werden gefördert.
Material: Murmeln oder runde Perlen in kleinen Säckchen oder Schalen, ein Tor aus Pappe oder stabilen Bausteinen.
Spielverlauf: Das Spiel wird am besten auf dem Fußboden oder auf einem Tisch mit erhabenen Kanten, eventuell auch auf einem großen Tablett gespielt.
Das Tor wird an das Ende des Tisches gestellt, kann aber auch, wenn genügend Platz vorhanden ist, in der Mitte stehen. Dann bastelt man es am besten aus einer viereckigen Schachtel mit vier (an jeder Seite eins) eingeschnittenen Toren, damit von den verschiedenen Seiten des Tisches aus gespielt werden kann.
Jedes Kind hat eine gleiche Anzahl von Murmeln in einer bestimmten Farbe in einem Säckchen oder in einer Schale. Nacheinander versuchen alle Kinder, drei Kugeln in das Tor hineinzurollen, indem sie die einzelnen Kugeln nur einmal mit dem gekrümmten Zeigefinger anstoßen. Für jede Kugel, die das Kind in das Tor rollen kann, erhält es von der Erzieherin zwei neue.
Hat die Erzieherin selbst keine Kugel mehr, darf sie versuchen, die auf dem Feld von anderen Kindern liegengebliebenen durch einmaliges Anstoßen in das Tor hineinzubringen. Gelingt es ihr, bekommt sie und das betroffene Kind eine Kugel.
Man kann das Spiel nach einer beliebigen Anzahl von Runden oder nach einer bestimmten Zeit beenden. Wer dann die meisten Kugeln hat, ist Sieger.
Sind die Kinder im Zielen noch recht ungeschickt, werden sie erst ohne Spielregeln üben. Später kann die Erzieherin die Regel festlegen (die Kugel zwei- oder dreimal anstoßen usw.).

*Zehn Kugeln**

Aufgabe: Die Geschicklichkeit – besonders der Handbewegungen – sowie richtiges Abschätzen des Zieles mit dem Auge werden gefördert.
Material: eine Schlagkugel, 9 kleinere Kugeln, eine Papprröhre, Tisch mit erhöhtem Rand.

Spielverlauf: Die Schlagkugel muß durch eine im Ziel liegende Röhre rollen und eine oder mehrere der dahinter aufgestellten Kugeln treffen oder zwischen ihnen hindurchrollen. Die Kugeln werden in verschiedener Anordnung (siehe Zeichnung) aufgestellt.
Varianten: a) Eine der aufgestellten Kugeln ist zu treffen.
b) Die Kinder versuchen, nacheinander alle Kugeln zu treffen.
c) Die Schlagkugel muß zwischen den Kugeln hindurchrollen, ohne diese zu berühren.
d) Die erste Kugel ist so stark zu treffen, daß diese eine oder zwei dahinterliegende Kugeln mittrifft. Oder: Die Schlagkugel ist so stark zu stoßen, daß diese durch ein Spalier von jeweils zwei, vier oder sechs Kugeln (siehe Zeichnung) rollt. Diese Variante kann mit älteren Kindern als Tischkrocket (ähnlich wie Tischbillard) gespielt werden. Dafür verwendet man einen Billardstock in Kindergröße.

*Wer hat mehr?**
(ähnlich wie „Fliegende Deckel")

Aufgabe: Die Kinder üben sich im genauen Zielen und Abschätzen eines Druckes.
Material: flache Schachtel mit verschieden großen runden Öffnungen im Deckel (farbig); Sprungständer, farbige Kugeln entsprechend der Anzahl der Spieler (10 Stück pro Kind).

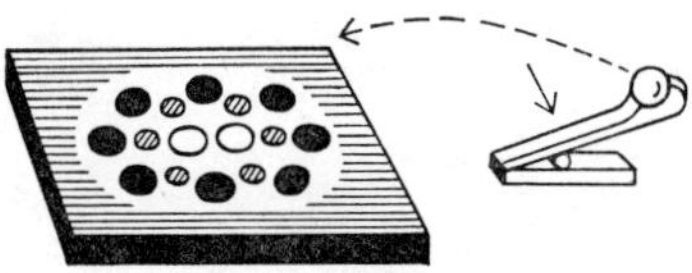

Spielverlauf: Die Sprungkugel wird auf den Ständer gelegt und dieser mit gezielter kurzer Druckbewegung zum Schleudern gebracht. Die Kinder versuchen, die Sprungkugel in eine der Öffnungen der Schachtel zu befördern. Diese sind in konzentrischen Kreisen von verschiedener Farbe und Größe angeordnet. Für jeden Treffer gibt es eine farbige Kugel. Wer zehn Kugeln in die Öffnungen befördern kann, hat gewonnen.

*Ringwerfen auf dem Tisch**

Aufgabe: Das Augenmaß wird geschult, zielgerichtete Bewegungen des Armes werden geübt.
Material: Ständer mit Stab zum Auffangen der Wurfringe, 6 bis 8 farbige Wurfringe in verschiedenen Größen.

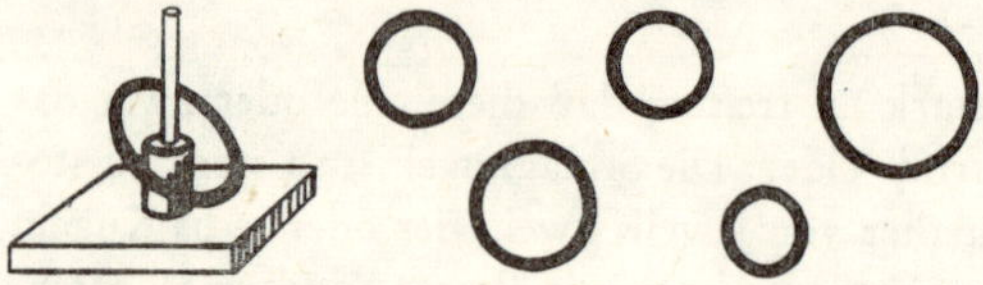

Spielverlauf: Die Kinder üben nacheinander, die Ringe auf den Fangstab zu werfen. Man beginnt mit drei und steigert die Anzahl der zu werfenden Ringe. Der Abstand der Kinder vom Fangstab kann allmählich etwas vergrößert werden. Das Kind, das die meisten Ringe getroffen oder (wenn mehrere Wurfstände vorhanden sind) zuerst alle Ringe getroffen hat, hat gewonnen.

Kleine Birjulki
(Angelspiel)

Aufgabe: Geschickte Armbewegungen werden geübt.
Material: eine Angel, das heißt ein Stab mit einem durch Faden befestigten Ring oder leicht gebogenen weichen Draht, verschiedene leichte, zum Angeln geeignete Gegenstände.

Spielverlauf: Verschiedene kleine Gegenstände, wie Ringe, Puppentassen, Pilze, Eierbecher und ähnliches, die sich durch ihre Form zum Angeln eignen, werden in einem mit Löchern versehenen Kasten verteilt. Zwei Kinder erhalten einen Angelhaken (siehe Zeichnung) und müssen die kleinen Gegenstände mit vorsichtigen Bewegungen der Angel aus den Öffnungen des Kastens herausholen. Wer die meisten hat, ist Sieger. Die Finger dürfen nicht zu Hilfe genommen werden, nur die Angel darf die Gegenstände berühren.

Variante: Mit geschlossenen Augen angeln oder nicht hinschauen beim Angeln. (Kasten mit hohem Rand verwenden.)

*Knips**

Aufgabe: Die Geschicklichkeit der Hand und richtiges Abschätzen eines Zieles werden geübt.
Material: eine Wolldecke, eine große Schale, einige große und viele kleine Kunststoffplättchen.
Spielverlauf: Dieses Spiel läßt sich am besten auf dem Fußboden, auf dem eine Wolldecke oder ein Teppich liegt, oder auf einem großen Tisch mit einer Decke spielen.
In der Mitte des Tisches steht eine große Schale. (Spielen die Kinder auf dem Fußboden, muß die Erzieherin darauf achten, daß alle Kinder in der gleichen Entfernung von der Schale sitzen. Sie zieht am besten mit Kreide einen Kreis.) Jedes Kind besitzt ein großes und fünf bis acht kleine Plättchen in der gleichen Farbe. Mit dem großen Plättchen versuchen die Kinder nacheinander, ihre kleinen Plättchen in die Schale zu knipsen. Je nach Geschicklichkeit der Kinder gilt die Regel, daß das Kind nur einmal oder zwei- beziehungsweise dreimal versuchen darf, sein Plättchen in die Schale zu knipsen. Ist ihm das nicht gelungen, bleibt das Plättchen bis zur nächsten Runde liegen. Hat das Kind ein Plättchen in die Schale geknipst, versucht es das mit einem neuen. Sieger ist, wer zuerst alle seine Plättchen in der Schale hat.
Variante: Die Kinder können auch gleichzeitig um die Wette knipsen. Jedes darf dann versuchen, hintereinander alle seine Plättchen in die Schale zu bekommen. An diesem Spiel dürfen aber nur wenige Kinder teilnehmen, da es sonst ein großes Durcheinander geben kann.

*Wer ist geschickt?**

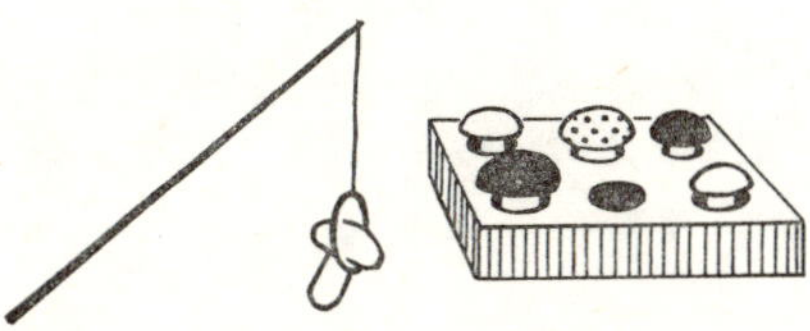

Aufgabe: Die Geschicklichkeit der Arme wird gefördert.
Material: Angelstab oder Angelschlinge, verschieden große Pilze.
Spielverlauf: Die Pilze müssen allein mit Hilfe der Angelschlinge aus den

Öffnungen gezogen werden. Berühren mit der Hand ist nicht erlaubt. Mit einer Hand wird der Ring, der an einer Angel hängt, auf den Hut eines kleinen Pilzes geworfen und der Pilz geschickt herausgezogen.

*Prygunki**
(Schnipsspiel)

Aufgabe: Die Kinder üben geschickte Bewegungen der Hand und richtiges Abschätzen eines Zieles.
Material: 10 kleine flache Scheiben, möglichst aus Kunststoff (Plaste), je 5 in einer Farbe, 2 größere Scheiben in den entsprechenden zwei Farben, flacher offener Becher.

Spielverlauf: Die Scheiben werden in dargestellter Weise auf dem Tisch aufgelegt. Jedes Kind versucht, mit der großen Scheibe eine kleine Scheibe in den Becher zu schnipsen. Zu diesem Zweck wird die große Scheibe an der Kante einer kleinen Scheibe kurz, aber kräftig aufgedrückt, so daß diese hochschnellt. Wer zuerst alle Scheiben im Becher hat, ist Sieger.

Bunte Kreisel

Aufgabe: Geschickte Arm- und Handbewegungen werden geübt.
Material: mehrere kleine Stabkreisel oder Figuren zum Drehen mit den Fingern.

Spielverlauf: Jedes Kind erhält einen Kreisel. Auf Zeichen des Spielleiters bringt es diesen mit einer Drehbewegung zum Kreiseln. Wer den am längsten tanzenden Kreisel hat, darf das nächste Mal das Zeichen zum Beginn geben.

Farbübungen

Kugeln rollen

Aufgabe: Die Kinder sollen die Farbe der Kugeln erkennen und sich darin üben, nur dann zu spielen, wenn sie an der Reihe sind. Die Begriffe „eins" und „mehrere" (viele) werden gefestigt.
Material: bunte Holzkugeln, Kugelrinne.

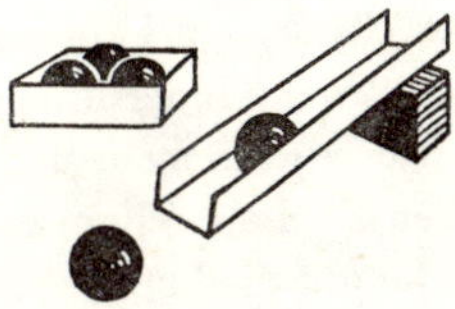

Spielverlauf: Zuerst dürfen die Kinder ihre Kugeln von der Rinne herunterrollen lassen, um ihr Spielbedürfnis zu befriedigen.
Ein Kind nach dem anderen wird aufgerufen, läßt seine Kugel herabrollen und nimmt sie vom Läufer wieder auf. Da dieses Spiel nur mit wenigen Kindern gespielt werden sollte, können sich die Kinder auch in einer Reihe aufstellen. Jedes Kind erhält eine andersfarbige Kugel und rollt sie die Rinne hinunter.
Es wird zum Beispiel beobachtet, daß die blaue Kugel weit rollt, daß die rote gleich an der Rinne liegenbleibt. Nachdem alle Kinder ihre Kugel die Rinne hinabgerollt haben, wird festgestellt, daß jetzt mehrere Kugeln hinabgerollt sind und welche Kugel am weitesten gerollt ist. Die Kugeln werden aufgesammelt, jedes hat wieder eine Kugel. Das Spiel beginnt von neuem.
Varianten: a) Die Kinder spielen nur mit gleichfarbigen Kugeln. Jedes Kind merkt sich den Platz seiner eigenen Kugel.
b) Kugeln rollen ohne Rinne auf der Erde. Alle Kinder rollen ihre Kugeln zur gleichen Zeit. Sie müssen warten, bis jede Kugel ganz stilliegt, erst dann dürfen sie die eigene Kugel suchen und wiederholen.

Bunte Kugeln sammeln

Aufgabe: Die Kinder lernen, die Farben zu unterscheiden. Sie müssen sich rücksichtsvoll verhalten.
Material: bunte Kugeln.
Spielverlauf: Die Erzieherin schüttet aus einem Körbchen Kugeln in den Farben Blau – Rot – Gelb – Grün – Weiß auf eine Matte (Tablett,

Rasen). Sie fordert die Kinder auf, die Kugeln wieder aufzusammeln und ins Körbchen zurückzulegen.
Die Erzieherin ruft die Kinder nacheinander beim Namen und beauftragt sie, ganz schnell eine bestimmte Kugel (rot, blau) zu suchen und in den Händen zu behalten. Wenn jedes Kind zwei oder drei Kugeln in unterschiedlichen Farben hat, ruft die Erzieherin zum Beispiel: „Rot!" Alle Kinder, die eine rote Kugel in der Hand haben, legen sie ins Körbchen zurück usw.
Varianten: a) Es werden Kugeln in zwei verschiedenen Farben ausgelegt. Die Erzieherin hebt eine farbige Papptafel oder ein Fähnchen hoch. Hat sie die Farbe Blau gewählt, müssen jeweils zwei Kinder schnell die Kugeln dieser Farbe in ihr Schälchen (Körbchen usw.) sammeln und zählen. Die Auswahl der Kugeln richtet sich nach den Zahlvorstellungen der Kinder. Wer gewonnen hat, darf die Kugeln wieder auf die Matte verteilen.
b) Die Aufgabe wird schwieriger, wenn eine Farbe aus mehreren verschiedenen Farben unter den ausgelegten Kugeln herausgefunden werden muß.
c) Immer nur ein Kind darf die Kugel aufheben. Es wird vorher nicht gesagt, wer dieses Kind ist.

Suche genau die gleiche Kugel!

Aufgabe: Die Kinder finden durch Vergleichen eine Kugel in bestimmter Farbe.
Material: bunte Kugeln.
Spielverlauf: Jeweils drei Kinder werden von der Erzieherin aufgefordert, aus einer großen Schale (flacher Karton oder ähnliches – leicht überschaubar) eine Kugel auszuwählen und auf ein Zeichen unter den auf den Matten ausgelegten Kugeln eine in gleicher Farbe zu suchen. Dasjenige Kind, welches seine Kugel zuerst gefunden und zur Erzieherin gebracht hat, darf bei der nächsten Gruppe der Spielführer sein.
Das Spiel kann auch im Freien im Sand oder auf dem Rasen durchgeführt werden.
Varianten: a) Zwei Kinder erhalten eine Kugel gleicher Farbe. Wer hat die richtige zuerst gefunden, und wer kann die richtige Farbe nennen?
b) Statt mit Kugeln kann auch mit Knöpfen gespielt werden.

*Sortieren**

Aufgabe: Die Kinder unterscheiden und ordnen die verschiedenen Farben.
Material: Perlen oder Legeknöpfe in vier Farben, mehrere große und kleine Schalen.

Spielverlauf: Vor jedem Kind stehen eine Schale mit Perlen in vier Farben und vier leere Schälchen, von denen jedes mit einer der vier Farben gekennzeichnet ist.
Auf ein verabredetes Zeichen beginnen die Kinder, ihre Perlen nach Farben in die dazugehörigen Schälchen zu sortieren. Wer seine große Schale geleert hat, ist Sieger. Pädagogisch wirksamer ist das Spiel, wenn man es paarweise spielen läßt, indem man zum Beispiel neben ein langsames Kind ein schnelleres setzt, das dem anderen hilft. Es kann ihm ein Schälchen be-

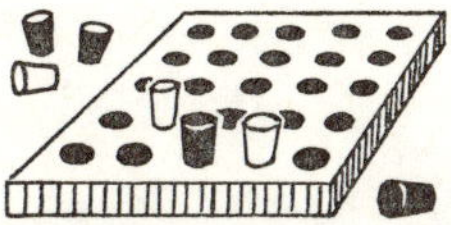

quemer stellen, danebengefallene Perlen in das Schälchen legen, vielleicht auch mit Zustimmung des Partners eine bestimmte Farbe aus dem großen Schälchen aussortieren („Ich werde alle blauen Perlen aussuchen, darf ich?"). Auf keinen Fall darf es ihm jedoch das Sortieren ganz abnehmen. Diese Aufgabe löst jedes Kind gern selbst.
Varianten: a) Diese Farbübung kann auch mit vielen anderen Dingen durchgeführt werden. Zum Beispiel erhält jedes Kind ein Schälchen mit Perlen in zwei Farben und zwei Schnüren. Die Perlen müssen, getrennt nach Farben, aufgezogen werden.
b) Stecker können, nach Farben getrennt, in Lochbretter eingeordnet werden. Dabei ist es angebracht, wenn vor dem Spiel jedes Kind an den Anfang einer Reihe einen Stecker mit der bestimmten Farbe steckt, damit ihm das Einordnen leichterfällt.

Wer kennt die Farben?

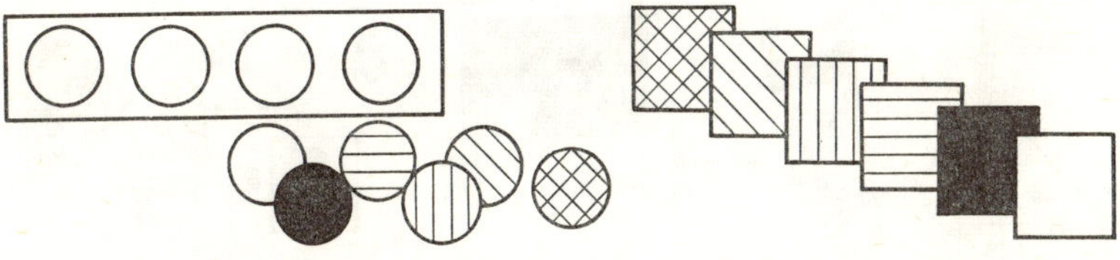

Aufgabe: Die Kinder lernen, ihre Farbkenntnisse anzuwenden.
Material: 6 Kartenstreifen zum Auflegen 6 verschiedenfarbiger großer und 24 bunter kleiner Scheiben, von denen je 4 die gleiche Farbe haben.

Spielverlauf: Jedes Kind erhält vier gleichfarbige Scheiben, die es nebeneinander auflegen muß, und eine Karte, auf der vier Ringe aufgezeichnet sind. Nun legt die Spielleiterin eine der großen Farbscheiben in die Mitte des Tisches, so daß sie von allen Mitspielern gut gesehen werden kann. Jedes Kind vergleicht diese nun mit seinen Farbscheiben, und das Kind, dessen Scheiben die gleiche Farbe haben, legt eine seiner Scheiben auf den ersten Ring seiner Karte. So werden nacheinander die verschiedenen großen Farbscheiben zum Vergleich vorgelegt, und die Kinder haben die gleichen Farben wiederzuerkennen und aufzulegen. Wer zuerst alle vier Ringe bedeckt hat, ist Gewinner.

Erkennen — benennen

Aufgabe: Die Kinder üben, Farben richtig zu erkennen und diese in figürlichen Abbildungen wiederzufinden.
Material: 24 Bildkärtchen mit verschiedenen, möglichst ein- bis zweifarbigen Abbildungen und ein Kreisel mit Dreiecken in den Grundfarben, wobei die Grundlinien der Dreiecke die Kanten des Kreisels bilden.
Spielverlauf: Die Karten werden gleichmäßig unter die Kinder verteilt, von diesen aufgelegt und genau betrachtet. Ein Kind beginnt den Kreisel zu drehen. Bleibt dieser dann zum Beispiel auf der braunen Kante liegen, so fragt das Kind seinen linken Nachbarn: „Hast du etwas, was braun aussieht?" Das Kind antwortet entweder: „Ja, der Hase (Pilz) sieht braun aus", oder — wenn es keine passende Karte hat —: „Nein", und gibt die Farbe an seinen linken Nachbarn weiter. Wer eine Karte umdrehen kann, darf als nächster den Kreisel drehen. Gewonnen hat, wer zuerst alle Karten umgedreht hat.

Fahnenspiel

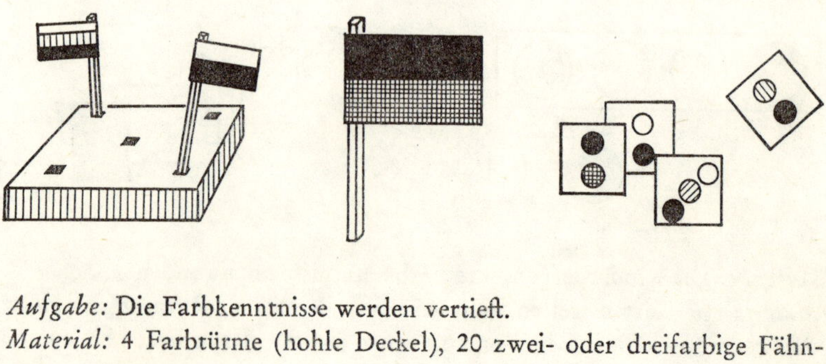

Aufgabe: Die Farbkenntnisse werden vertieft.
Material: 4 Farbtürme (hohle Deckel), 20 zwei- oder dreifarbige Fähn-

chen (viereckige Hölzchen), 20 Farbkärtchen in den gleichen Farben wie die Fähnchen und 8 Farbkärtchen, deren Farben nicht auf den Fähnchen zu finden sind.
Spielverlauf: Die Farbtürme werden unter die Kinder verteilt und alle Fähnchen in der Mitte des Tisches aufgelegt. Die Spielleiterin hat alle Karten in der Hand, sie hebt nun nacheinander je eine Karte hoch und zeigt sie den Kindern, die dann eins nach dem anderen die Fahne in den gleichen Farben herauszusuchen haben und sie auf ihre Farbtürme stecken können. Wird ein Kärtchen in zwei oder drei Farben gezeigt, die nicht auf den Fähnchen vorhanden sind, so kann das Kind, das gerade an der Reihe ist, kein Fähnchen einstecken; das nächste Kind hat vielleicht mit dem nächsten Kärtchen mehr Glück. Wer zuerst alle fünf Fähnchen beisammen hat, ist Gewinner.

Hell und dunkel

Aufgabe: Die Kenntnisse über die Farben und ihre Schattierungen werden vertieft.
Material: 6 Spielkarten-Quartette mit jeweils zwei dargestellten Gegenständen in zwei Schattierungen einer Farbe, zum Beispiel einem schwarzen Hut, einem grauen Hut, einem schwarzen Ball, einem grauen Ball.

Spielverlauf: 1. Es wird nur je ein Paar einer Farbgruppe verwendet. Die Karten können gemischt und wie „Schwarzer Peter“ gespielt werden. Jedes Kind versucht, die vorhandenen Karten zu Paaren zu vervollständigen, das heißt „hell“ oder „dunkel“ des jeweiligen Gegenstandes zu erhalten. Es muß aber die Farbschattierungen beim Abfragen richtig bezeichnen (z. B. hellgrün – dunkelgrün).
2. Es können jeweils vier Karten mit zwei Gegenständen einer Farbgruppe verwendet werden, zum Beispiel: ein grüner Hut, ein grüner Baum, ein hellgrüner Hut, ein hellgrüner Baum. Dann versucht jedes Kind, alle vier Karten zu einem Quartett zu vereinen.

Die bunte Eisenbahn

Aufgabe: Die Farbkenntnisse werden vertieft.
Material: Aus Buntpapier oder farbigem Karton werden Teile einer Konturen-Eisenbahn (siehe Zeichnung) flach ausgeschnitten. Für jedes Kind muß folgendes Sortiment vorhanden sein: 2 Lokomotiven, 9 grüne Anhänger, 3 blaue Anhänger, 22 schwarze Räder, 10 gelbe Pakete.

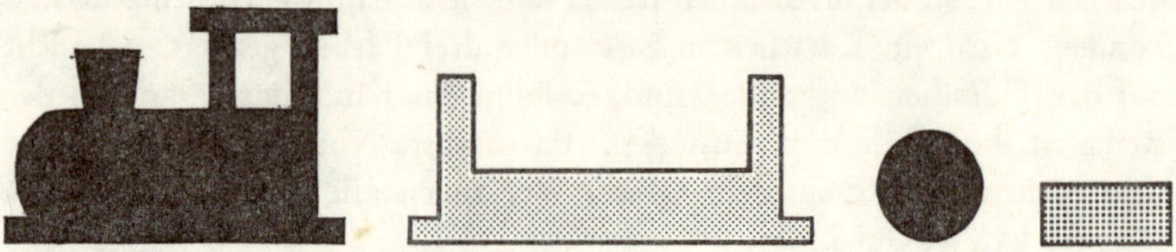

Spielverlauf: Jedes Kind erhält ein Sortiment (oder weniger) der Eisenbahnteile. Alle Kinder legen diese zu einer Eisenbahn auf den Tisch. Das erfolgt nach den Anweisungen der Erzieherin, zum Beispiel: „Alle hängen drei grüne Anhänger an die Lok."
„Wir hängen zwei grüne Anhänger ab und fahren sie in den Wagenschuppen."
„Nun packen wir in jeden Wagen ein gelbes Paket."
Mit diesem Spiel kann sowohl das Erkennen von Farben geübt als auch die Reihenfolge von Zahlen, ihre Menge, Stellung in der Zahlenreihe verdeutlicht werden.

Drachensteigen

Aufgabe: Die Farbkenntnisse werden vertieft.
Material: ein Spielfeld (siehe Zeichnung), 4 Setzsteine in Rot, Blau, Grün, Gelb, ein Farbwürfel mit gleichen Farben.
Spielverlauf: Jeder Mitspieler würfelt, bis er die Farbe hat, die unten

am Anfang seiner „Drachenschnur“ angezeigt ist. Dann rückt er ein Feld vor. Beim nächstenmal muß er die Farbe des nun folgenden Ringes auf der Drachenschnur würfeln. Gewinner ist, wer zuerst am „Drachenkopf“ ankommt.

Bunte Teller

Aufgabe: Die Farbkenntnisse werden vertieft.
Material: ein Farbwürfel, 6 runde Pappdeckel in den Farben Weiß, Gelb, Grün, Rot, Blau, Hellblau. 30 Pappdeckel in je zwei Farben.
Spielverlauf: Nachdem 36 Teller übersichtlich in die Mitte des Tisches gelegt worden sind, wird reihum gewürfelt. Je nach der Farbe, die der Würfel anzeigt, wird der betreffende einfarbige Teller ausgesucht, während bei den folgenden Runden zweifarbige Teller auszuwählen sind, die die Grundfarben des einfarbigen Tellers und die jeweils vom Würfel bestimmte Farbe zeigen. Würfelt zum Beispiel ein Kind, das den gelben

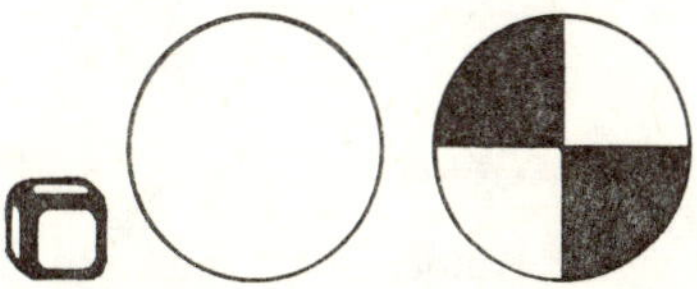

Teller vor sich hat, Grün, so muß es den gelb-grünen Teller zu finden suchen und vor sich auflegen. Das Kind, das zuerst sechs verschiedenfarbige Teller vor sich liegen hat, ist Gewinner. Um das Spiel abzukürzen, darf das Kind, das fünf verschiedenfarbige Teller ausgesucht hat, dreimal hintereinander würfeln und kann so den sechsten Teller mit der noch fehlenden Farbe eher auswählen.

Ich sehe etwas

Aufgabe: Die Kinder üben genaues Betrachten eines Gegenstandes und vertiefen dabei ihre Farbkenntnisse.
Spielverlauf: Ein Kind schaut sich im Zimmer um und wählt einen Gegenstand, der auch für alle anderen Kinder sichtbar ist. Dann teilt es, ohne den Gegenstand zu nennen, dessen Farbe mit: „Ich sehe etwas, was ihr nicht seht, und das ist grün.“ Alle Kinder dürfen raten. Die Erzieherin gibt dem Kind den Hinweis, nicht ständig auf den Gegenstand zu blicken, damit es ihn dadurch nicht verrät. Das Kind, das ihn erraten hat, darf die nächste Aufgabe stellen.

Wenn ich wiederkomme

Aufgabe: Die Farbkenntnisse werden vertieft.
Spielverlauf: Ein Kind stellt den anderen die Aufgabe: „Wenn ich wiederkomme, müßt ihr alle etwas Rotes (Grünes, Schwarzes, Gelbes usw.) haben." Danach tritt es einen Augenblick aus dem Kreis heraus. Jedes Kind sucht nun schnell an seiner Kleidung die betreffende Farbe. Findet es bei sich die Farbe nicht, darf es sich auch außerhalb des Kreises einen Gegenstand holen, zum Beispiel einen Baustein in der gesuchten Farbe, eine Blume usw. Die Kinder können sich auch untereinander helfen. Ein Kind borgt dem anderen zum Beispiel einen roten Gürtel, einen roten Schuh, eine rote Schnalle usw. Kommt das Kind, das die Aufgabe gestellt hat, in den Kreis zurück, muß ihm jeder die gewünschte Farbe vorweisen.
Nach ungefähr fünf Spielen sucht sich das Kind, das bisher die Aufgaben gestellt hat, ein anderes Kind aus dem Kreis, und dieses nennt eine neue Farbe, die gesucht werden muß.

Formauffassungsübungen

*Spiele mit zusammensetzbaren Bildern oder Würfeln**

Aufgabe: Diese Spiele sollen das Denken der Kinder, die Fähigkeit, zu analysieren und synthetisch tätig zu sein, entwickeln helfen. Dazu ist eine sinnvolle ständige Steigerung des Schwierigkeitsgrades der im Spiel gestellten Aufgaben notwendig; mechanisches Nachahmen wird eingeschränkt.
Material, Spielverlauf: Quadrate, Rechtecke, Dreiecke. Zur Anfertigung dieser zusammensetzbaren Bilder lassen sich Seiten alter Bilderbücher verwenden; die Teile bewahrt man in festen Tüten auf.

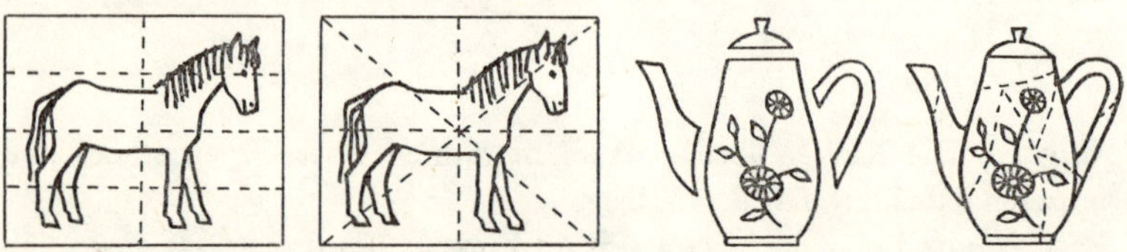

Jüngere Kinder erhalten ein Bild mit einer einfachen Darstellung eines Gegenstandes oder eines Tieres, das in zwei Teile, später in vier, fünf Teile waagerecht zerlegbar ist. Die Erzieherin behält die gleiche Darstellung unzerteilt, um den Kindern anfangs ein Vorbild geben zu können. Bereitet diese Übung den Kindern keine Schwierigkeiten mehr, wird die Darstellung (auch anderer Gegenstand) diagonal geteilt.

Auch bei älteren Kindern werden zunächst noch einfache Darstellungen gewählt, man kann aber schon die Teile von zwei Gegenständen zusammensetzen lassen. Es wird eine Tafel vorn und hinten mit je einem Gegenstand oder einer einfachen Darstellung beklebt. Die Kinder erhalten die zerschnittenen Einzelteile und müssen herausfinden, zu welcher Tafelseite die jeweiligen Teile gehören. Die Teilung kann wie oben erfolgen und später noch kompliziert werden (mehrfache Diagonale). Man verwendet bekannte Bilder. Die Anzahl der Tafeln kann auf vier, sechs, neun und zwölf erhöht werden.
Außer den beschriebenen Formen werden auch unregelmäßige Teile hergestellt, zum Beispiel in Wellenlinien geteilt. Um das Zusammensetzen reizvoll und verständlich zu machen, kann man folgende Vorübung durchführen: 1. Kleben einer Teekanne aus Teilen: Deckel, Tülle, Henkel, Kanne. 2. Scherben einer Teekanne.
Der Inhalt der Bilder kann auch schwieriger sein; es werden ausschließlich Handlungen aus dem Leben der Kinder, Illustrationen von Märchen und Landschaftsbilder gewählt. Bis in 25 Einzelteile kann ein Bild zerlegt werden. Die Einzelteile werden zu Tafeln oder Würfelkästen zusammengefügt.
Die Kinder der älteren Gruppe können selbst Zusammensetzspiele für die jüngeren Kinder herstellen.

*Puzzlespiel**

Aufgabe: Denkvorgänge der Analyse und Synthese werden gefordert. Die Kombinationsfähigkeit wird entwickelt.
Material: farbige Ansichtskarten, Schälchen.
Die Erzieherin wählt farbige Ansichtskarten aus festem Karton. Das Bild auf der Karte muß die Kinder ansprechen und den ganzen Raum ausfüllen. Am besten eignen sich Zeichnungen, auf denen eine einfache Handlung oder Figuren, Tiere und Pflanzen in klaren Umrissen gezeichnet sind. Auch Zeichenblätter oder einzelne Seiten von beschädigten Bilderbüchern können verwendet werden. Die Erzieherin muß aber dann Kartonpapier zur Verstärkung dahinterkleben. Jede Karte zerschneidet die Erzieherin in mehrere Teile, die ganz verschiedene Formen haben können.
Spielverlauf: Die einzelnen zerschnittenen Karten werden in Schälchen gelegt. Jedes Kind erhält eine Schale und versucht, die Karte wieder zusammenzusetzen.
Wer zuerst fertig ist, kann seinem Nachbarn helfen. Er übernimmt aber nicht dessen Arbeit, sondern gibt ihm nur einzelne Hinweise und hilft beim Suchen der zusammengehörenden Teile.

Sind alle Kinder mit ihrer Aufgabe fertig, erzählen einige zu dem Bild eine kleine Geschichte, singen ein Lied, sagen ein Rätsel auf usw. Dann legen sie die Karten wieder in ein Schälchen zurück, tauschen die Schalen untereinander aus und beginnen von neuem.
Die Aufgabe ist leichter zu lösen, wenn die Kinder zu ihrer zerschnittenen Karte (weniger Teile) eine Vorlage bekommen. Je nach ihrem Entwicklungsstand dürfen sie sich kürzere oder längere Zeit die Bilder ansehen und dann wieder zurückgeben, oder sie dürfen beim Zusammensetzen nach der Vorlage arbeiten.
Diese Spiele stellen Übungen dar und sind nicht als Hinführung zum bildnerischen Gestalten zu verstehen. Ein freies Gestalten mit gleichem Material ist möglich.

Mein rechter Platz ist leer

Aufgabe: Farb- und Formenkenntnisse werden vertieft.
Material: 20 Umhängekarten mit geometrischen Formen (Kreis, Viereck, Dreieck) usw. in 5 Farben.
Spielverlauf: Jedes Kind erhält eine Umhängekarte und nimmt im Stuhlkreis Platz; ein Stuhl bleibt leer. Das danebensitzende Kind sagt: „Mein rechter Platz ist leer, ich wünsche mir das rote Dreieck her!“ Nun wechselt das Kind, das diese Karte umgehängt hat, den Platz, und das Spiel beginnt aufs neue.
Variante: Zur Festigung der Zahlbegriffe werden auf den Karten (evtl. auf der Rückseite der oben beschriebenen) mehrere Gegenstände gleicher Art oder geometrische Formen dargestellt. Die Kinder müssen sich nun eine Anzahl bestimmter Gegenstände – die fünf roten Kreise oder die zwei Springseile – herbeiwünschen.

*Mosaikspiele**

Aufgabe: Das Spiel mit diesem vielseitig verwendbaren Material fördert die Fähigkeit zu Analyse und Synthese, es erzieht zu genauer Beobachtung und übt die Konzentration.
Material, Spielverlauf: Für jüngere Kinder eignen sich runde und viereckige Mosaiksteine beziehungsweise Kugeln in den Grundfarben. Die Erzieherin lehrt sie, diese zu Schmuckmotiven und einfachen Figuren nach Vorbildern zu legen. Es ist günstig, dazu neue Vorlagen zu erarbeiten, da die vom Handel angebotenen keine systematische Steigerung der Schwierigkeiten aufweisen.

*Geometrisches Mosaik**

Aufgabe: Die Fähigkeit zu analytisch-synthetischem Denken wird geschult, genaues Beobachten wird gefordert.
Material, Spielverlauf: Dieses Spiel enthält eine Anzahl Spielelemente, die in Form und Farbe unterschiedlich sind (geometrische Formen). Ein und dasselbe Detail kann in der Vorlage ganz verschieden liegen – waagerecht, senkrecht, rechts oder links in der Ecke, oben, unten, schräg usw.

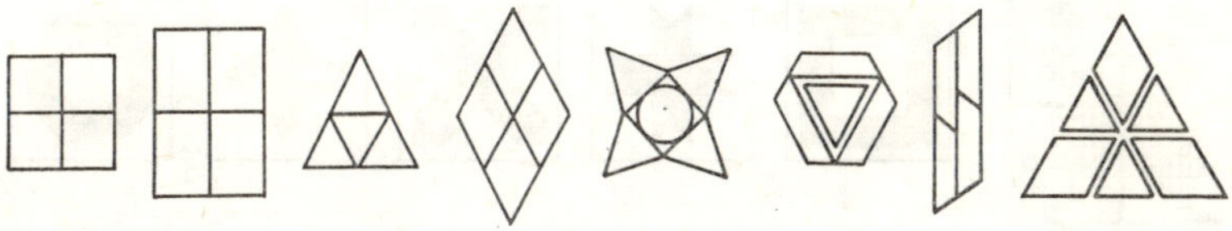

Die Kinder müssen die Bezeichnung der geometrischen Form kennen, um die von der Erzieherin gegebene Vorlage richtig nachlegen zu können. Sie müssen diese genau ansehen, sich einprägen, welche Teile sie wählen und wie sie diese legen müssen. Die obige Reihenfolge der Vorlage für geometrische Muster hat sich bewährt. Die Kinder üben jeweils nach einer Vorlage, bis sie sicher werden.
Diese Spiele eignen sich gut als Einzelspiele. Die Vorlagen können sich dann die Kinder als Aufgabenkärtchen selbst holen.

*Konturenmosaik**

Aufgabe: Das analytisch-synthetische Denken wird gefördert, genaues Beobachten wird geübt.

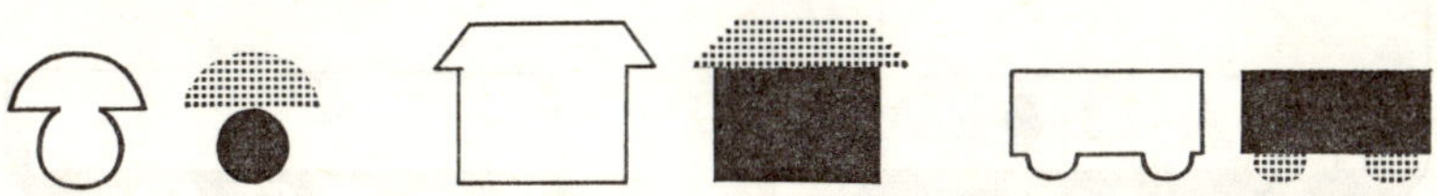

Material, Spielverlauf: Bei diesem Spiel legen die Kinder nicht nach einer Vorlage, die Einzelteile anzeigt, sondern sie erhalten eine Vorlage, auf der nur die äußeren Umrisse der Form eines Gegenstandes aufgezeichnet sind (wie oben skizziert). Die Kinder müssen die Einzelteile, die dafür geeigneten geometrischen Formen selbst finden. Das Konturenmosaik stellt bereits höhere Anforderungen an das Denken der Kinder. Sie müssen das ganze Bild gedanklich in Einzelteile zerlegen, ehe sie es zu einem Gegenstand zusammensetzen können.

*Kunterbunt**
(Geometrisches Zusammensetzspiel)

Aufgabe: Das analytisch-synthetische Denken wird gefördert, genaues Beobachten wird geübt.
Material: 100 Karten, jede 5 x 5 cm groß, auf denen jeweils der vierte Teil einer ganzen Form in gleicher Farbe abgebildet ist (siehe Zeichnung). 5 Karten, jede 10 x 10 cm groß, die eine vollständige Form zeigen.

Spielverlauf: Jeweils fünf Kinder beteiligen sich am Spiel. Jedes erhält 20 Karten, die fünf Quadrate mit gleichfarbigen Formen ergeben. Ein Kind, der Spielleiter, erhält die großen Karten, die er nacheinander hochhält oder deren Formenbilder er laut ansagt. Alle Kinder müssen nun versuchen, diese gleiche Form mit ihrem Material zu legen. Wer das am besten und am schnellsten kann, hat gewonnen.

Merk dir's schnell!

Aufgabe: Die Kinder üben sich, eine bestimmte Reihenfolge von Bildern mit Gegenständen im Gedächtnis zu behalten.
Material: Papptafel mit aufheftbaren Kärtchen, Streifen zum Abdecken, Deckkarten mit gleichen Darstellungen.

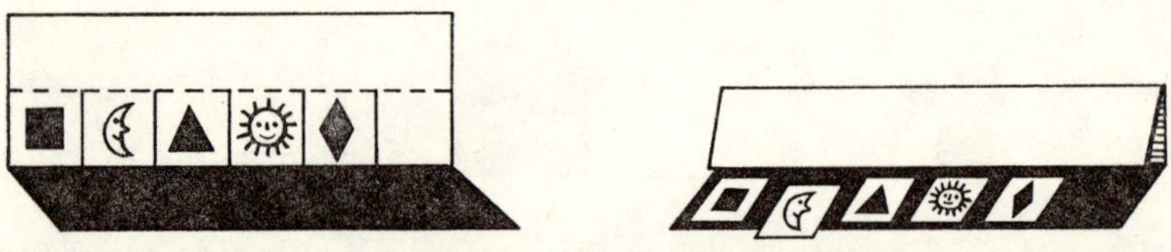

Spielverlauf: Der Spielleiter oder eines der Kinder ordnet auf der Papptafel drei bis sechs Formen oder Gegenstände an und fordert ein anderes Kind auf, sich die Anordnung zu merken. Darauf werden die Bilder mit dem Deckstreifen abgedeckt (er wird heruntergefaltet). Das Kind, das sich die Reihenfolge merken sollte, muß nun die dazugehörigen Paare der Gegenstände suchen und vor die Tafel legen. Danach wird der Deckstreifen zurückgefaltet und die Lösung geprüft.

Figuren legen

Aufgabe: Die Kinder erkennen geometrische Figuren und üben das Zusammensetzen zu einem Ganzen.

Material: 3 vorgezeichnete Unterlagen mit den typischen Merkmalen eines Hauses, eines Lastkraftwagens, eines Kranes (siehe obige Zeichnung), die dazugehörigen Legetäfelchen (Vierecke und Halbkreise), ein Farbwürfel.
Spielverlauf: Jeder der drei Mitspieler erhält eine vorgezeichnete Karte. Die Formen, große und kleine Vierecke und Halbkreise, liegen in der Mitte des Tisches. Die Kinder würfeln abwechselnd. Bei den einzelnen Farben dürfen sie sich folgende Formen nehmen und auf ihre Karten legen:

bei Rot — 3 große Vierecke, 2 Halbkreise;
bei Blau — 1 großes Viereck und noch einmal würfeln;
bei Grün — 1 kleines Viereck, 2 Halbkreise;
bei Gelb — 2 große und 2 kleine Vierecke;
bei Weiß — 3 große Vierecke;
bei Schwarz — nichts.

Formen-Roulett

Aufgabe: Die Kinder üben sich im Erkennen von Farben und geometrischen Formen. Aus Einzelelementen setzen sie ein Ganzes zusammen.
Material: ein Roulettspielbrett mit verschiedenen Formen, Legetäfelchen in großer Anzahl, Materialschälchen.
Spielverlauf: Die Kinder drehen der Reihe nach am Zeiger des Roulettspiels. Die Form, die er anzeigt, wird mit Legetäfelchen von allen Kindern nachgelegt (dabei auch die Farben be-

achten!). Die Kinder benennen die Farben und die Formen der Täfelchen. Schwieriger wird das Spiel, wenn derjenige drehen darf, der zuerst seine Figur gelegt hat.
Die Formen können sehr unterschiedlich sein – auch durch Auflegen bunter Blättchen ständig gewechselt werden. (Velourspapier ist dafür gut geeignet.)

Wer merkt sich das?

Aufgabe: Die Kinder lernen, sehr aufmerksam zu sein und bewußt ihre Handbewegungen zu lenken.
Material: Papier zum Zeichnen, Stäbchen.
Spielverlauf: Den Kindern wird eine aus wenigen Elementen bestehende Zeichnung oder ein bestimmtes Motiv aus Linien oder Strichen gezeigt und nach kurzem Betrachten wieder weggenommen. Die Kinder werden aufgefordert, dasselbe Motiv zu legen oder zu zeichnen. Diejenigen Kinder, die richtig reproduzieren, sind Sieger. Die gezeigten Motive müssen sich für die Wahrnehmung und Nachahmung gleichermaßen gut eignen.

Suche den gleichen Gegenstand!

Aufgabe: Die Kinder müssen genau vergleichen und Gegenstände gleicher Farbe und Form wiedererkennen. Sie festigen ihre Vorstellung von der Zahl „2".
Material: Muggelsteinchen, Stecker, Legetäfelchen, Legestäbchen, kleine Tiere, Autos, Spielgeld, Knöpfe, Steine, Muscheln und anderes Naturmaterial.
Spielverlauf: Die Erzieherin hat einen Korb (oder einen anderen Behälter) voller Spielgegenstände. Die adäquaten Gegenstände dazu – es empfiehlt sich, kleinere Dinge auszuwählen – befinden sich in Schälchen, die auf dem Tisch stehen. Die Kinder gehen in einer Reihe an der Erzieherin vorbei, nehmen sich etwas aus dem Korb, gehen weiter zum Tisch, suchen sich aus dem Schälchen den gleichen Gegenstand heraus und gehen in derselben Reihenfolge wieder zur Erzieherin. Wer richtig ausgewählt hat, steckt seine Gegenstände in die umgehängte (leere) Brottasche. Wer nicht den richtigen Gegenstand gewählt hat, muß beides wieder abgeben. Das Spiel wird mehrmals gespielt.
Dann setzen sich alle Kinder an den Tisch und ordnen ihre Gegenstände paarig vor ihrem Platz an. Jedes Kind erzählt, was es ausgesucht hat. „Ich habe zwei kleine Enten, zwei runde grüne Legetäfelchen, zwei gelbe Stecker" und so weiter. Sieger sind die Kinder, die die meisten Gegenstände vorweisen können.

Variante: Die Kinder laufen nach dem Schlag der Rahmentrommel und dürfen nur kurze Zeit am Tisch verweilen, müssen also sehr schnell den betreffenden Gegenstand finden. Die Schnelligkeit kann gesteigert werden. Die Erzieherin kann geeignete Kinder zur Kontrolle über die ausgewählten Gegenstände einsetzen.

Die durcheinandergeratenen Fausthandschuhe

Aufgabe: Die Kinder üben, feinere Unterschiede in Farben und Formen herauszufinden.
Material: Spielkarten mit aufgemalten Handschuhen, die sich durch verschiedene Farben und Kanten unterscheiden. Die Karten können eventuell im Rahmen des dekorativen Malens und Zeichnens von den Kindern der älteren Gruppe angefertigt werden.

Spielverlauf: Die Kinder sitzen am Tisch. Jedes Kind erhält eine Anzahl Spielkarten. Wenn sich ein richtiges Paar Handschuhe ergibt, können diese Karten beiseite gelegt werden. Nun gilt es, die passenden Paare zu finden. Ein Kind beginnt und fragt den linken (oder rechten) Nachbarn zum Beispiel: „Ich suche einen Fausthandschuh mit einer rot und blau gepunkteten Kante." Erhält das Kind von seinem Nachbarn nicht die richtige Karte, bleibt sie bei ihm. Dann kommt der rechte Nachbar an die Reihe. Das Spiel ist dann beendet, wenn der erste nur paarige Bilder hat.

Suche das gleiche wie auf dem Bild!

Aufgabe: Die Kinder vergleichen Mengen von Gegenständen, die auf kleinen Bildern dargestellt sind, mit der wirklichen Menge.
Material: ein Satz der in der Gruppe vorhandenen Spielsachen, wie Kugeln, Pilze, Tannenbäumchen aus Holz, Küken, Fische, Enten, Eimer und ähnliches. Kleine Bilder, auf denen die entsprechenden Gegenstände einzeln beziehungsweise zwei- oder dreimal dargestellt sind.

Spielverlauf: Die Kinder sitzen auf Stühlen im Halbkreis. Die Erzieherin legt die Spielsachen an verschiedenen Stellen des Zimmers aus. Auf dem Tisch liegen die kleinen Bilder, und zwar von jedem Gegenstand ein kleiner Stoß.

Die Erzieherin erklärt: „Ich habe vor mir auf dem Tisch viele verschiedene kleine Bilder. Diese werde ich jetzt an euch verteilen. Aber erst seht einmal aufmerksam her, was darauf dargestellt ist. In der Gruppe haben wir die gleichen Spielsachen. Jeder nimmt sein kleines Bild her und sucht die darauf abgebildeten Spielsachen, und zwar ebenso viele, wie auf dem kleinen Bild zu sehen sind. Wenn ihr die Spielsachen gefunden habt, nehmt sie, und setzt euch wieder an euren Platz. Ich werde dann prüfen, ob ihr die richtigen Spielsachen gefunden habt."

Die Kinder laufen im Zimmer umher und suchen die zu ihrem Bild passenden Spielsachen. Mit den Spielsachen in der Hand geht jedes wieder an seinen Platz.

Die Erzieherin kontrolliert bei allen Kindern, ob die gesuchten Spielsachen mit den auf ihrem Bild dargestellten Gegenständen übereinstimmen. Wenn ein Kind einen Fehler gemacht hat, verbessert ihn die Erzieherin zusammen mit dem Kind. Dann fordert sie die Kinder auf, die Spielsachen wieder an den Fundort zu bringen und ihre Bildchen auf den Tisch zu legen. Schließlich verteilt sie die kleinen Bilder erneut unter die Kinder, wobei sie darauf achtet, daß jedes Kind diesmal ein anderes Bild bekommt. So geht das Spiel weiter.

Variante: Wenn die Kinder die Bilder erhalten haben, sehen sie sich diese an; dann aber läßt jedes sein Bildchen auf dem Tisch liegen und sucht die abgebildeten Gegenstände aus dem Gedächtnis. Sind die Kinder wieder auf ihren Platz zurückgekehrt, vergleichen sie die gesuchten Spielsachen mit den Gegenständen auf ihrem Bild. Als Spielregel gilt, wer bis zu einer bestimmten Zeit die Gegenstände nicht gefunden hat, gibt ein Pfand – oder Kinder, die bei mehreren Spielgängen zu den ersten fünf Kindern gehören, erhalten eine goldene Spielmarke.

Der Wunderbeutel

Aufgabe: Die Kinder üben, verschiedene und gleichartige, ihnen bekannte Gegenstände durch Tasten zu erkennen und diese exakt zu beschreiben.

Material: kleiner Beutel, Tischspielzeug, Gebrauchsgegenstände, Beschäftigungs-, Natur- oder kostenloses Material.

Spielverlauf: Die Erzieherin legt vor Spielbeginn einige gut tastbare, den Kindern bekannte Gegenstände in ein hübsches Säckchen. Alle Kinder sitzen im Kreis. Die Erzieherin gibt einem Kind das Säckchen und fordert

es auf, zu tasten, gut zu überlegen und dann genau den Gegenstand zu beschreiben, der sich in dem Säckchen befindet. Hat das Kind den Gegenstand erraten und konnte es ihn genau beschreiben, so darf es selbst Spielführer sein und das Säckchen neu füllen (den anderen Kindern nicht sichtbar).
Die Aufgabe kann allmählich erschwert werden (mehrere, verschiedene Gegenstände – mehrere ähnliche Gegenstände). Das Spiel kann auch im Freien durchgeführt werden.

Was wurde verändert?

Aufgabe: Die Kinder lernen, genau zu beobachten und geringfügige Veränderungen in ihrer Umgebung festzustellen.
Spielverlauf: Ein Kind wird aus dem Zimmer geschickt. Vorher sieht es sich noch einmal sehr aufmerksam um. Danach werden verschiedene Dinge im Zimmer umgestellt, zum Beispiel Möbel, Vasen, Bücher, Bilder usw. Das Kind wird wieder hereingerufen. Es hat die Aufgabe, herauszufinden, was verändert wurde, und muß das auf seinen ursprünglichen Platz zurückstellen. Entdeckt ein Kind nicht, was verändert wurde, hilft die Erzieherin mit kleinen Hinweisen. Sie fragt zum Beispiel, ob alle Bilder auf dem richtigen Platz hängen, ob in der Puppenecke alles in Ordnung ist usw.
Variante: Ein Kind muß feststellen, welche Veränderungen die Kinder an sich oder untereinander in seiner Abwesenheit vorgenommen haben, zum Beispiel wurde die Schürze verkehrt angezogen oder die Schürze eines anderen Kindes umgebunden, Gürtel, Schuhe und Hosenträger vertauscht, bei kurzen Haaren wurde der Scheitel anders gelegt usw. Jedes Kind kann diese Aufgabe lösen, wenn es aufgefordert wird, zu den einzelnen Kindern zu gehen und sie sich in Ruhe genau anzusehen.
Um den Schwierigkeitsgrad der Aufgabe zu steigern, sind kleine Veränderungen erforderlich, zum Beispiel: Zuerst hebt die auf dem Tisch sitzende Puppe den Arm in die Höhe, dann zeigt der Arm nach unten; am Kiefernstrauß hängen Zapfen, dann trägt der Strauß keinen Schmuck mehr usw.

Knobeln

Aufgabe: Die Kinder müssen schnell denken, kombinieren und reagieren.
Spielverlauf: Gilt es, zwischen zwei Kindern zu entscheiden, wird geknobelt. Das ist spannend und bereitet große Freude. Drei Dinge werden mit der Hand dargestellt:

1. Papier: Die Hand wird flach gehalten.
2. Ein Stein: Die Hand wird zur Faust geballt.
3. Eine Schere: Zeige- und Mittelfinger werden gespreizt.

Ist die Darstellung dieser Dinge allen Kindern bekannt und wurde sie vorher ohne Spielregel ausreichend geübt, kann das Knobeln beginnen.

Zwei Kinder stellen sich gegenüber und halten die rechte Hand auf dem Rücken. Ein unparteiischer Schiedsrichter, die Erzieherin oder ein Kind, zählt bis drei. In der Zwischenzeit bilden die Kinder hinter dem Rücken schon eine von den drei Figuren. Bei der letzten Zahl nehmen die „Knobler" ihre Hand nach vorn und zeigen, welche Figur sie gewählt haben. Jetzt wird festgestellt, wer gewonnen hat. Dabei muß man nur ein wenig nachdenken: Schon hat es jedes Kind selbst gefunden. Hat das eine Kind Papier dargestellt und das andere eine Schere, ist das erste besiegt, weil die Schere Papier zerschneidet. Wurde aber von dem zweiten Kind ein Stein dargestellt, hat das erste gewonnen, weil das Papier den Stein einwickeln kann usw. Es gilt also folgende Spielregel:

Papier umwickelt den Stein (Papier hat gewonnen),
Papier wird von der Schere zerschnitten (Schere hat gewonnen),
Stein schleift die Schere (Stein hat gewonnen).

Haben beide Kinder die gleiche Figur gewählt, ist das Spiel unentschieden, und es muß noch einmal geknobelt werden.

Bei noch ungeübten Kindern kann man einen Gegenstand weglassen, dann ist das Spiel leichter.

Vertiefung und Aneignung von Umweltkenntnissen, Herausbildung von Denkfähigkeit und Ausdrucksvermögen

Im 4. Lebensjahr etwa erfährt das Kind eine Umstrukturierung seines Wahrnehmens und Denkens. Es verfügt jetzt über eine ausreichende Sprachtechnik, das heißt über ein Grundschema der Sprache, das nun in weit bedeutenderem Maße als vorher sein intellektuelles Orientieren in der Umwelt bestimmt. Die Denkprozesse können sich von der konkret-anschaulichen Ebene abheben und zunehmende Abstraktionshöhe erreichen. Wechselseitige Beziehungen, Gesetzmöglichkeiten der Erscheinungen werden erkannt und begrifflich-sprachlich verallgemeinert.

Zu den grundlegenden Leistungen des Denkens gehören Analyse und Synthese: das Zerlegen und das Zusammensetzen zu einem neuen tiefer erfaßten Ganzen. Beim Operieren mit Spielzeug zum Beispiel vollzieht das Kind diese Prozesse im konkreten Bereich. Allmählich wird es fähig, auch Sachverhalte, die nur sprachlich formuliert sind, so zu durchschauen.

Auch Verallgemeinerungen finden wir schon beim Kleinkind. So weiß es zum Beispiel sehr bald, daß eine Mutter nicht nur die konkrete, bekannte eigene ist, sondern daß alle Kinder, ja sogar die Tierkinder eine Mutter haben. Das Vorschulkind erfaßt immer mehr dieser sprachlichen Symbole und erweitert Hand in Hand damit sein geistiges Weltbild.

Das Sammeln von Erkenntnissen kann dabei von der Erziehungs- und Bildungsarbeit maßgeblich unterstützt werden. Welche Aufgaben können hier die didaktischen Spiele erfüllen?

Bei der Vermittlung von Kenntnissen sind dem didaktischen Spiel bestimmte Grenzen gesetzt. Der Vorgang des Kenntniserwerbs erfordert vom Kind die ungeteilte Aufmerksamkeit, so daß mit dieser Aufgabe schwer zu verknüpfen ist, auch noch die Spielidee und die Regeln einzuhalten. Die Kenntnisübermittlung bleibt also vorwiegend der Unterweisung vorbehalten. Das schließt nicht aus, daß das Kind zum Beispiel bei Zuordnungsspielen zusätzliche Einsichten gewinnt, die es vorher nicht hatte, weil es die Dinge beim Spiel plötzlich von einer anderen Seite sieht und dabei die Erkenntnis „aufleuchtet". Aber wenn die Kinder die Dinge, die dem Oberbegriff zuzuordnen sind, überhaupt nicht kennen würden, wären sie nicht in der Lage, einem didaktischen Spiel dieser Thematik jeweils zu folgen.

Große Bedeutung hat das didaktische Spiel bei der Festigung der Kenntnisse. Die Kenntnisse zu festigen, ist vorwiegend eine Frage des Gedächtnisses. Gesetzmäßig wird das Gedächtnismaterial am besten behalten, das in ein echtes System eingebaut und deshalb vielfältig verankert ist. Das geschieht durch die vielseitige Betrachtungsweise einer Gegebenheit einmal im Unterricht, zum anderen im didaktischen Spiel in idealer Weise. Im didaktischen Spiel wird dem Kind die Wiederholung zu einem freudigen, lustbetonten Tun. Es ermüdet nicht, sondern prägt sich tiefer ein, was es beim Spiel erfährt. Auch die persönliche Bedeutsamkeit des Gedächtnismaterials spielt für das Behalten eine große Rolle. Das Spiel als Haupttätigkeit in diesem Alter ist wie kaum eine andere Form geeignet, das Erlebnis der persönlichen Bedeutsamkeit auszulösen. Indem das Kind seine Aufgabe wirklich erfüllen will, um im didaktischen Spiel zu gewinnen, prägt es sich für eben dieses persönliche Ziel fest ein, was an Kenntnissen für das Erfüllen der Aufgabe, für das Gewinnen, notwendig ist.

Eine Reihe didaktischer Spiele dient in hervorragender Weise dazu, die Kinder zu aktivieren, so zum Beispiel alle Zuordnungsspiele, Quartettspiele, Ratespiele, Zähl- und Rechenspiele, auch Mikado. Hier wird das schon vorhandene Wissen in jeweils neuer Weise formiert, es wird umstrukturiert und variiert. Dadurch lösen sich die Kenntnisse von der starren Bindung, in der sie zuerst erworben wurden, werden variabel und anwendungsbereit.

Der Wert vorhandener Kenntnisse für die Anpassungsfähigkeit und schöpferische Gestaltungskraft der Person ist abhängig von einer Reihe geistiger Fähigkeiten. So genügt es zum Beispiel nicht, mathematische Kenntnisse zu besitzen, man muß sie auch in der konkreten Situation anwenden können. Das Kind, das an Stäbchen gelernt hat zu zählen, muß auch dann, wenn sich in der praktischen Situation die Notwendigkeit ergibt, von der konkreten Form absehen können und beispielsweise auch Kleidungsstücke, Finger, Teller usw. zählen können. Das Kind, das Kenntnisse über die Lebensweise der Vögel erworben hat, muß auch in der Lage sein, in der Natur andere bestimmte Erscheinungen zu erkennen und zu deuten.

Anwendungsfähigkeit reicht ebenfalls nicht aus, sie muß zur Anwendungsbereitschaft führen. So muß das Kind im Vorschulalter gern bereit sein, aufmerksam zu beobachten, seine in einer Beziehung erworbenen Kenntnisse auf andere Gebiete zu übertragen. Auch die Fähigkeit zur Konzentration und bestimmte Willenseigenschaften gehören zur richtigen Anpassung.

Diese und eine Reihe anderer notwendiger Fähigkeiten der geistigen Auseinandersetzung werden von den meisten didaktischen Spielen in für das Vorschulkind idealer Weise entwickelt. Fähigkeiten der Zusammenhangserfassung, des Analysierens und Synthetisierens, der schnellen Reaktion, das Gewinnen des Überblicks usw. werden in diesen Spielen gefordert und entwickeln sich durch die aktive Tätigkeit weiter. Das geschieht etwa bei Ratespielen, bei Zuordnungsspielen, Rechenspielen, Beobachtungsspielen usw. Für den zielgerichteten Einsatz dieser Spiele ist es notwendig, daß die Erzieherin auch diese Seite beachtet und durch Variation der Regeln auf die Entwicklung von Fähigkeiten bewußt Einfluß nimmt.

Betrachten wir in diesem Zusammenhang einige Spiele dieser Art genauer. Ein Wort zu den Ratespielen. Das einfache Lösen eines Rätsels ist noch kein didaktisches Spiel, es wird erst dazu, wenn durch die einbezogenen Regeln auch die Art und Weise der Lösung angegeben wird. Im Leben wird der Mensch vor verschiedenartige Situationen gestellt. In jeder Situation liegen Aufgaben, ungelöste Fragen, die es zu erkennen gilt. Die Intelligenz des Menschen zeigt sich darin, daß er die jeweiligen Fragen und Probleme erkennt. Das Rätselspiel oder Ratespiel will helfen, diese Fähigkeit auszubilden. Das Wesen des Rätsels besteht darin, daß bewußt ein Glied in einer Gedankenkette ausgelassen ist, ein Teil der gegebenen Situation deutlich offengelassen ist, so daß die Denktätigkeit in eine bestimmte Richtung gewiesen wird. Für das Kind kommt es darauf an, mit Hilfe verschiedener Denkoperationen sowohl die offene Stelle als auch das fehlende Glied selbst zu finden.

Der Inhalt der Ratespiele kann sehr vielfältig sein und von Gegenständen des täglichen Gebrauchs, Spielzeug usw. bis zu Erscheinungen aus Gesellschaft und Natur gehen.

Wie solche Spiele dazu dienen, die Kenntnisse zu vertiefen und geistige Fähigkeiten zu entwickeln, zeigen folgende Ratespiele mit Themen aus der Natur: „Das kennen wir, das kennen wir" und „Denk weiter!"

Beim ersten Spiel wird von den Kindern verlangt, Tiere und Vögel zu beschreiben oder sie an ihrem Äußeren, an der Beschreibung ihrer Lebensweise und der Laute, die sie von sich geben, zu erkennen. Das Spiel verläuft ungefähr so: Die Kinder sitzen im Kreis, eines steht in der Mitte, beschreibt einen Vogel oder ein Tier und dessen Lebensweise oder ahmt eine Tierstimme nach. Wenn es das Tier beschrieben hat, geht es im Kreis umher. Die anderen Kinder stehen auf und strecken die Hände vor und sagen: „Das kennen wir, das kennen wir!" Das Kind, das in der Mitte steht, berührt die Hand eines Mitspielers. Der Betreffende muß das Tier nennen, das er durch die verschiedenen Anzeichen erraten hat. Wenn er sich irrt, geht der Frager zum nächsten. Derjenige, der richtig geantwortet hat, kommt nun an die Stelle des fragenden Kindes, das in den Kreis zurückgeht.

Das zweite Spiel „Denk weiter!" ist inhaltlich eine Fortsetzung des ersten. Es beginnt mit der Beschreibung eines Tieres, das von einem Kind erraten werden muß, das im Kreis steht. Wenn der Frager eine richtige Antwort erhalten hat, geht das Kind von der Mitte des Kreises zum nächsten mit der Frage: „Wo lebt es?", dann weiter zum dritten: „Worin besteht seine Nahrung?", zum vierten: „Wo hält es sich im Sommer auf?", und zum fünften: „Wo lebt es im Winter?"

Bei diesem Spiel prüfen und festigen die Kinder nicht nur ihre Kenntnisse über die Tiere, sondern sie lernen gleichzeitig dabei, wie man vorgeht, um etwas zu erraten, und wie man eine begonnene Erzählung weiterführt.

Wie auf Seite 106 beschrieben, lassen sich auch Gedichte, Erzählungen und Beschreibungen für Rätselspiele verwenden.

Neben den Rätselspielen gehören auch Such- und Beobachtungsspiele zu den Spielen, die stark das Denken der Kinder aktivieren.

Bei dem Spiel „Reise durch das Zimmer", das in vielen Variationen gespielt werden kann, wäre es möglich, daß jedes Kind ein anderes Farbtäfelchen erhält und einen Gegenstand zu suchen hat, der farblich dazu paßt. Dabei muß ständig verglichen werden. Ähnlich läßt sich ein solches Spiel auch im Wald und auf der Wiese spielen, wie zum Beispiel: „Suche das gleiche!" Die Erzieherin, die mit ihren Kindern einen Wiesenweg entlanggehen will, gibt jedem Kind eine Grasart in die Hand (von jeder Art mehrere, zum Beispiel Riedgras, Knäuelgras usw.) und fordert sie auf, am Wegrand die gleiche Pflanze zu suchen. Wer zuerst mit der gleichen Pflanze bei der Erzieherin ist, hat gewonnen.

In ähnlicher Art und Weise müssen die Kinder auch in Zuordnungsspielen unterscheiden und vergleichen. In der Hauptsache geht es bei diesen Spielen darum, Gegenstände und Erscheinungen begrifflich zu ordnen. Das erfolgt in verschiedenen Spielen recht unterschiedlich. In den einfachsten Lottospielen muß das gleiche Bild der Karte zugeordnet werden. Die Kinder müssen hierbei die Gegenstände wiedererkennen und bezeichnen können. Gleiches wird zu Gleichem geordnet. Viele Spiele sind nach einem solchen Prinzip aufgebaut. In dem Spiel „Nimm von gleicher Farbe!" werden verschiedene Gegenstände nebengeordnet, die nur ein gleiches Merkmal (die Farbe) haben müssen, sonst aber unterschiedlich sind. Ebenso wie die Farbe kann auch die Form oder das Material, aus dem die Gegenstände gefertigt sind, als Ordnungsprinzip gewählt werden. Vom Verwendungszweck her gesehen, ergibt sich wieder eine andere Ordnung. Die Kinder lernen, dieselben Gegenstände, die sie schon nach anderen Gesichtspunkten (Farbe, Form usw.) geordnet haben, nun nach ihrem Gebrauchswert einzuteilen (Geschirr, Kleidung, Spielzeug, Fahrzeuge).

Bei dem Spiel „Was gehört wem?" wird wiederum eine andere Variation des Ordnens verlangt, denn die Kinder müssen die Gegenstände den Menschen, ihrer Tätigkeit und ihren Berufen zuordnen. Mit der Klapper spielt

der Säugling, den Schrubber und die Bürste braucht die Reinemachfrau, den Rechen der Gärtner usw. Bei diesem Ordnen werden sachliche Beziehungen aufgedeckt: Woraus ist der Gegenstand hergestellt? Wer hat ihn bearbeitet? Arbeitsgänge werden verdeutlicht und die Vorstellungen aus verschiedenen Bereichen der Umwelt (z. B. Verkehr, Verkauf) präzisiert.
Genau in derselben Weise können Kenntnisse aus der Natur vertieft werden. Was lebt im Wasser, in der Luft, was finden wir im Wald, auf der Wiese, im Feld? Was gehört zum Frühling, zum Sommer, zum Herbst, zum Winter?
Nach folgenden Hauptgesichtspunkten können hier die Beobachtungen geordnet werden: nach a) zusammengehörigen Gruppen (z. B. „Blätter und Früchte", „Tiermutter und Tierkinder"), nach b) Artbegriffen (z. B. „Gemüse" oder „Haustiere"), nach c) Wachstumsbereichen oder nach d) den Jahreszeiten.
So erwerben die Kinder Einsichten in Zusammenhänge der Naturerscheinungen und lernen wesentliche Merkmale von Pflanzen und Tieren kennen.
Das im Spiel geübte Ordnen, das Einordnen, Nebenordnen, Zuordnen, Unterordnen von einfachen Gegenständen bis zu komplizierten Erscheinungen hat, wie schon oben gesagt, großen Wert für die geistige Entwicklung des Kindes.
Das Ordnen sollte deshalb in vielfältiger Weise geübt werden, mit konkretem Material, mit Abbildungen und bei den älteren Kindern durch Wortspiele. Dabei muß darauf geachtet werden, daß nicht nur nach einem Oberbegriff zugeordnet wird (Spielzeug, Kleidung usw.), sondern daß die verschiedensten Merkmale einmal im Vordergrund stehen. Die Kinder müssen die Erfahrung machen, daß ein und derselbe Gegenstand von verschiedenen Gesichtspunkten her betrachtet und eingeordnet werden kann.

Erfahrungen aus Sach- und Arbeitswelt

Was ist es?

Aufgabe: Die Kinder lernen, sichtbare Gegenstände zu beschreiben, und vertiefen dabei ihre Kenntnisse über die Merkmale der Gegenstände.
Spielverlauf: Ein Kind wählt einen Gegenstand, der für alle sichtbar ist, und beschreibt ihn: „Es befindet sich in der Nähe des Fensters, es ist aus Holz, unten gelb und oben braun, hat Beine, kann aber nicht laufen" (der Tisch) usw.
Die Erzieherin gibt dem Kind den Hinweis, nicht ständig zu dem Gegenstand hinzusehen, damit es ihn dadurch nicht verrät. Weiß das Kind nicht

mehr weiter, hilft ihm die Erzieherin durch Fragen, zum Beispiel: „Ist der Gegenstand schwer? Gehört er einem Kind? Wozu wird er gebraucht?" usw.
Das Kind, das zuerst herausgefunden hat, was erraten werden soll, darf den nächsten Gegenstand beschreiben.
Variante für die jüngeren Kinder: Die Erzieherin legt mehrere Gegenstände, verschiedenes Spielzeug oder Beschäftigungsmaterial, in die Mitte des Kreises und beschreibt einen Gegenstand davon genau. Die Kinder müssen raten, welchen Gegenstand sie gewählt hat. Den nächsten Gegenstand darf wieder das Kind beschreiben, das die Aufgabe richtig gelöst hat.

Ratespiel

Aufgabe: Die Kinder müssen einen Gegenstand genau beschreiben und mit Hilfe der Beschreibung wiederum Gegenstände bestimmen.
Spielverlauf: Die Kinder überlegen sich einen Gegenstand oder ein Lebewesen aus einem bestimmten Themenkreis (z. B. Spielzeug aus dem Kindergarten, Gartengeräte, Haustiere usw.). Ein Kind, das während der Beratung außerhalb des Zimmers war, fragt nun der Reihe nach die anderen Mitspieler, wie der Gegenstand oder das Lebewesen, auf das man sich geeinigt hat, aussieht, was es tut und welche Eigenschaften es hat. Der Themenkreis muß diesem Kind bekannt sein; es muß wissen, daß es sich zum Beispiel um einen Gegenstand aus der Küche, um ein Tier oder auch um ein Kind aus dem Spielkreis handelt.
Es ist angebracht, daß die Erzieherin, bevor das Kind wieder in das Zimmer kommt, mit allen Kindern ein kurzes Gespräch darüber führt, wie der Gegenstand oder das Lebewesen aussieht, welche Eigenschaften es hat usw., damit auch jedes Kind die richtige Antwort gibt. Man kann auch vorher zur Vereinfachung für das fragende Kind bestimmte Fragen festlegen, zum Beispiel bei einem Tier: „Wie sieht es aus (Farbe, Form)? Wo lebt es?" usw. Die Fragen können sich wiederholen, und jedesmal darf nur eine Antwort darauf gegeben werden. (Bei einem Kind fragt man am besten nach dessen Kleidung, Frisur und Schuhen.)

Rätselraten

Aufgabe: Die Kinder lernen, einen Gegenstand genau zu beschreiben und an Hand der Beschreibung Gegenstände zu bestimmen.
Spielverlauf: Ein Kind: „Ich denk' an was, das ist im (zu) Haus." Alle: „Sag es uns schnell, wie sieht es aus?"

Alle Kinder einigen sich vor dem Spiel auf einen bestimmten Themenkreis. Ein Kind beschreibt daraus einen Gegenstand nach seiner Farbe, seiner Eigenschaft und seinem Zweck, zum Beispiel einen Ball aus der Spielkiste: „Es ist rot, rund, aus Gummi und kann springen."
Auf viele andere Gebiete kann man sich einigen und daraus Gegenstände beschreiben, zum Beispiel aus dem Garten (dann muß es heißen: „Ich denk' an was, 's ist nicht im Haus"), aus Mutters Küche, aus der Puppenecke usw.
Hat ein Kind herausgefunden, welcher Gegenstand beschrieben wurde, darf es die nächste Aufgabe stellen.

Flaschendrehen

Aufgabe: Schnelles Reagieren wird geübt, die Kenntnisse aus der Umwelt werden vertieft.
Spielverlauf: Ein Kind dreht auf dem Fußboden eine Flasche. Das Kind, auf das der Flaschenkopf zeigt, nennt etwas aus einem bestimmten Gebiet, auf das man sich vorher geeinigt hat, zum Beispiel ein Fahrzeug, ein Haustier, eine Pflanze usw. Hat es die richtige Antwort gefunden, dreht es beim nächstenmal die Flasche. Konnte es seine Aufgabe nicht lösen, darf ihm ein Kind aus dem Kreis einen Hinweis geben, zum Beispiel ahmt es das Geräusch eines bestimmten Fahrzeuges oder die Stimme eines Tieres nach. Die Erzieherin hilft dem Kind dabei.
Etwas schwieriger wird das Spiel, wenn das Kind, das die Flasche dreht, eine Frage stellt und das Kind, auf das der Flaschenkopf zeigt, die Antwort darauf geben soll. So kann zum Beispiel das erste Kind fragen, welche Laute ein Hahn, eine Katze oder ein Pferd von sich gibt. Das zweite Kind ahmt die betreffende Tierstimme nach, dreht das nächste Mal die Flasche und stellt eine neue Frage.

Woraus ist der Gegenstand hergestellt?

Aufgabe: Die Kinder vergleichen Gegenstände nach der Beschaffenheit des Materials und lernen, die Unterschiede richtig auszudrücken.
Spielverlauf: Vor den Kindern stehen auf einem Tisch verschiedene Gegenstände aus Holz, Glas, Plast, Metall, Pappe, Papier, Gummi, Ton. Die Erzieherin läßt die Kinder erst einmal die Gegenstände benennen und ihrer Bestimmung und Größe nach vergleichen. Danach wird ein Gegenstand nach dem anderen hochgehalten, und die Kinder sagen, aus welchem Material er besteht. Wenn die Kinder das Material nicht kennen, erklärt anfangs die Erzieherin selbst.

Bei der zweiten Runde kommen alle Gegenstände in einen Korb oder einen Beutel, der im Kreis herumgereicht wird. Die Kinder nehmen je einen Gegenstand aus dem Säckchen heraus und sagen, woraus er angefertigt ist. Bei einer richtigen Antwort dürfen sie den Gegenstand behalten. Erschwerend für das Spiel wird es, wenn die Beschaffenheit des Materials als Eigenschaft zu kennzeichnen ist, zum Beispiel: eine gläserne Kugel, ein hölzerner Würfel, eine blecherne Kanne usw.
Wer am Ende des Spiels die meisten Gegenstände vor sich liegen hat, ist Sieger.

Wer findet das gleiche Bild?

Aufgabe: Die Kinder üben sich im Vergleichen und Wiedererkennen von Gegenständen auf Bildern.
Material: zum Beispiel Lottokarten, Schnipp-schnapp, Bilderdomino, Schildchen für Waschraum und Garderobe, eventuell Quartett, Tafel oder große Pappe. Nach Möglichkeit selbstangefertigte Bilder, die etwas größer sind als die den Kindern ausgehändigten Kärtchen.
Spielverlauf: Die Kinder sitzen an Tischen. Jedes Kind erhält einige kleine Karten, auf denen verschiedene Gegenstände dargestellt sind.
Auf einer Tafel (oder großen Pappe) zeigt die Erzieherin den Kindern die gleichen Abbildungen. Erkennt ein Kind eines der Bilder auf seinen Karten, so meldet es sich und sagt deutlich, welchen Gegenstand es wiedererkannt hat. Dabei zeigt es allen Kindern seine Karte und legt diese dann verdeckt vor sich auf den Tisch. Wer zuerst alle Karten verdeckt hat, der hat gewonnen und wird beim nächsten Spiel Spielführer.

Bildgeschichten

Aufgabe: Die Kinder lernen, kleine Bildgeschichten zu gestalten, dabei erkennen sie Zusammenhänge und müssen logisch denken.
Material: 24 Bildkarten mit Einzeldarstellungen aus der Umwelt der Kinder.
Spielverlauf: Bildgeschichten lassen sich auf verschiedene Weise gestalten. Ein Spielvorschlag soll näher ausgeführt werden. Nachdem alle Kärtchen übersichtlich in der Mitte des Tisches aufgelegt worden sind, nimmt eines der Kinder ein beliebiges Kärtchen auf und zeigt das Bild (Vogel) den Mitspielenden. Nun müssen alle Kinder versuchen, ein anderes Bild zu finden, das sinngemäß zu dem ersten paßt und mit diesem zu einer kleinen Geschichte verbunden werden kann. (Der Vogel sitzt auf dem Baum.) Das Kind, dem das zuerst gelungen ist, bekommt das Kärtchen mit dem Baum,

zu dem nun wieder ein passendes Bild (Haus) zu suchen und die Geschichte weiterzuführen ist. (Der Baum steht vor dem Haus.) So wird das Spiel fortgesetzt, bis keine Verbindungsmöglichkeiten mehr bestehen. Wer am Schluß des Spieles die meisten Kärtchen hat, ist Gewinner. Soll das Spiel mehrere Male wiederholt werden, so erhält er so viele Spielmarken, wie er Kärtchen besitzt, und das Spiel beginnt von neuem.

Unser neuer Gruppenraum

Aufgabe: Die Kinder müssen sich in ihrem Gruppenraum zurechtfinden und sich den Standort einzelner Einrichtungsgegenstände einprägen. Dabei wird der Verwendungszweck der einzelnen Gegenstände erklärt. Die Kinder werden angehalten, stets auf Ordnung im Raum zu achten.
Material: eine vorgezeichnete Unterlage mit dem Umriß des Gruppenraumes, aus festem Papier ausgeschnittene Möbel und Spielzeug (Material für etwa vier bis sechs Kinder).

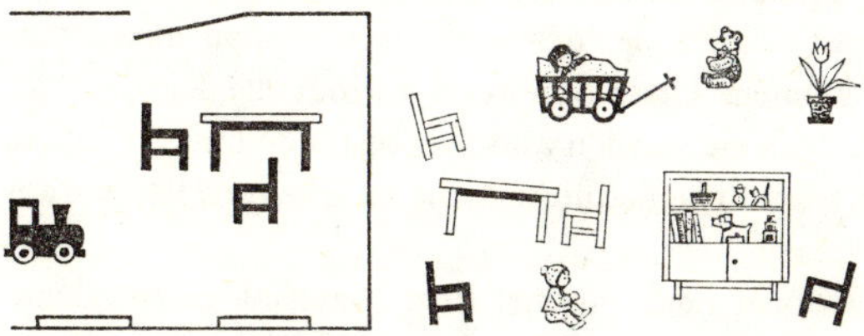

Spielverlauf: Die Erzieherin erklärt oder erarbeitet mit den Kindern den Grundriß des Gruppenraumes auf der Unterlage. Jedes Kind bekommt ein Schälchen, das ausgeschnittene Einrichtungsgegenstände, die in den Gruppenraum gehören, enthält. Es legt seine Teile der Reihe nach auf die Zeichnung; alle kontrollieren, ob es stimmt. Danach werden die Teile wieder in den Schälchen verteilt, und auf das Kommando „Achtung – fertig – los!“ legen alle Kinder ihre Teile gleichzeitig auf. Wer zuerst alle richtig hingelegt hat, ist Sieger.

Reise durch das Zimmer

Aufgabe: Die Kinder erfahren die Beschaffenheit verschiedener Gegenstände. Sie müssen ihre Kenntnisse anwenden und ihre Entscheidungen gemeinsam treffen, sich gegenseitig helfen und lernen, in der Kindergruppe zu führen beziehungsweise sich unterzuordnen.
Spielverlauf: Die Erzieherin fragt die Kinder, ob sie reisen wollen, und erklärt ihnen das Spiel.

Beim „Umherreisen" im Zimmer sollen die Kinder Gegenstände aus verschiedenem Material in den Koffer einpacken (aus Holz, Karton, Papier, Metall, Ton, Wolle, Stroh usw.). Die Erzieherin legt entsprechende Gegenstände vorher im Zimmer aus. Die Spielregeln lauten: 1. Es dürfen nur solche Gegenstände genommen werden, von denen die Kinder wissen, woraus sie hergestellt sind. 2. Nur Gegenstände, die in einen Spielzeugkoffer passen, können ausgewählt werden.

Durch Abzählreime werden die Kinder in kleinere Gruppen aufgeteilt und erhalten je einen Spielzeugkoffer. In den Spielzeugkoffer darf nur das hineinkommen, womit alle Kinder der jeweiligen Gruppe einverstanden sind und was alle kennen. Diese Spielregel zwingt die Kinder, sich fortwährend zu beraten, denn sie werden auch Gegenstände finden (Puppe, Spielzeugpferdchen usw.), bei denen es nicht leicht zu erkennen ist, woraus sie hergestellt sind.

Es empfiehlt sich, ihrer Form nach gleiche, dem Material entsprechend verschiedene Gegenstände auszulegen (Kugeln aus Holz, Glas, Plast, Kunststoff, Gummi, Ton) und den Kindern auch diesbezügliche Aufgaben zu übertragen.

Am Ende des Spiels legt jede Gruppe ihren Erwerb auf einen kleinen Tisch. Die Kinder zählen das Spielzeug und die Gegenstände auf und berichten, aus welchem Material sie hergestellt sind. Gemeinsam wird festgestellt, von welchen Gegenständen es mehrere aus unterschiedlichem Material gibt. Die Erzieherin nennt die Gruppe, die gewonnen hat, und begründet ihre Entscheidung. Da die Unterschiede zwischen den Gruppen nicht immer sehr groß sind, erklärt sie, daß alle Reisenden wertvolle Dinge gefunden haben.

Variante: Es kann auch eine Einkaufstasche der Mutter oder die Schultasche des Bruders usw. eingepackt werden. Dabei soll besonders auf die Ordnung in der Tasche geachtet werden.

Spielt mit!

Aufgabe: Die Kinder müssen an den Bewegungen erraten, welche Tätigkeiten ausgeführt werden. Sie vertiefen so ihre Kenntnisse von der Arbeit in verschiedenen Berufen.
Spielverlauf: Zwei oder drei Kinder überlegen sich außerhalb des Zimmers, welche Arbeit sie darstellen wollen. Es müssen Tätigkeiten sein, die den Kindern durch Beobachtungen, Erlebnisse, Bewegungsspiele usw. bekannt sind. Danach führen sie den anderen Kindern eine Tätigkeit vor, ohne dabei zu sprechen, zum Beispiel Wäsche waschen, Schuhe besohlen, Zeitungen verkaufen usw. Wenn die Erzieherin die ersten Male mitspielt, ist es ihr möglich, den Kindern beim Darstellen zu helfen. Später genügt es, wenn sie vor der Darstellung mit den Kindern den Ablauf der Tätigkeit bespricht.
Alle Kinder, die glauben, die Tätigkeit erraten zu haben, können die Bewegungen mitmachen oder der Erzieherin leise die Lösung sagen. Das erste Kind, das richtig geraten hat, sucht sich dann zwei oder drei Spielkameraden, und es beginnt ein neues Spiel.
Variante: Viel mehr Spaß bereitet es, wenn nicht alle Kinder die gleiche Bewegung ausführen, sondern wenn zum Beispiel beim Wäschewaschen ein Kind wäscht, das andere die Wäsche aufhängt, eins spült usw., oder wenn zum Beispiel ein Kind Zeitungen verkauft und die anderen Kinder die Zeitungen kaufen, die Geldtasche suchen, das Geld herausholen, bezahlen, die Zeitung lesen. Hier ist es unbedingt erforderlich, daß die Erzieherin bei der Beratung vor dem Spiel mithilft, die Rollen zu verteilen. Sie kann auch von den Kindern vorher aufzählen und zusammentragen lassen, was jedes Kind beim Vorspielen zu tun hat.

Finde den Beruf!

Aufgabe: Die Kinder vertiefen ihre Kenntnisse über einen bestimmten Beruf.
Spielverlauf: Ein Kind wird aufgefordert, sich einen Beruf und dazugehörige Arbeitsmittel oder Tätigkeitsmerkmale zu überlegen. Es nennt aber den anderen Kindern nur Gegenstände, die zur Arbeit benötigt werden. „Ich habe eine Schere (Hammer, Pinsel usw.) in meiner Tasche." Die Kinder müssen erraten, in welchem Beruf diese Gegenstände gebraucht werden (Schneider, Schmied, Maler usw.). Wer es zuerst herausgefunden hat, stellt die nächste Aufgabe.

Meister, gib uns Arbeit auf!

Aufgabe: Die Kenntnisse über die verschiedenen Berufe der Eltern werden gefestigt.
Spielverlauf: Es werden zwei Spielgruppen gebildet, die sich gegenüberstehen. Eine Spielgruppe stellt die Arbeiter und die andere die Meister dar. Die Gruppe der Arbeiter überlegt sich die Bewegungen eines bestimmten Berufes. Es können auch jeweils mehrere Tätigkeiten eines bestimmten Berufes dargestellt werden. Haben sich die Kinder auf einen Beruf geeinigt, wird gemeinsam das Sprüchlein aufgesagt: „Meister, gib uns Arbeit auf!" Die Arbeiter werden gefragt: „Zeigt einmal, was ihr könnt?" Die Gruppe der Meister muß erraten, welcher Beruf vorgeführt wird. Danach wird die Aufgabenstellung der Gruppen gewechselt.
Variante: Das Spiel kann als Bewegungsspiel gespielt werden. Sobald die Meister (oder der Meister) den dargestellten Beruf erraten haben, dürfen sie die andere Gruppe bis zu einer bestimmten Markierung einfangen. Die Gefangenen müssen entweder zuschauen oder dürfen dem Meister mithelfen. Die letzten zwei bis drei Kinder, die nicht gefangen werden, sind die Sieger.

*Einfaches Bilderlotto**

Aufgabe: Die Kinder lernen Sammelnamen kennen, sie ordnen unter einen Oberbegriff.
Material: Bilderlotto 1: Es werden Lottokarten mit je 4 Abbildungen angefertigt, die einem Sammelbegriff zugeordnet werden können, zum Beispiel Werkzeug, Geschirr, Kleidung, Spielzeug. Die Mitte der Lottokarte wird durch eine für den betreffenden Sammelbegriff besonders charakteristische Darstellung gekennzeichnet. Dazu entsprechende Deckkärtchen für jede Lottokarte.
Bilderlotto 2: Die gleiche Anzahl der Lottokarten (oder Rückseite der obigen) mit leeren Feldern, nur durch den Gegenstand in der Kartenmitte charakterisiert.
Spielverlauf: Die Kinder werden mit dem Lotto bekannt gemacht. Die großen Lottokarten werden verteilt. Die Erzieherin zeigt nacheinander die

Deckkärtchen, und die Kinder ordnen sie der entsprechenden Lottokarte zu, indem sie diese auflegen.

Varianten: a) Die Kinder erhalten die kleinen Deckkarten, eine große Lottokarte wird in die Mitte des Tisches gelegt. Die Kinder suchen unter ihren Deckkarten die dazugehörigen aus und legen sie auf. Ist eine Lottokarte bedeckt, folgt die nächste.

b) Es wird in gleicher Weise gespielt, in die Mitte wird jedoch eine Lottokarte des Bilderlottos 2 gelegt (ohne Abb.). Die Kinder ordnen ihre Deckkarten nur an Hand des einen charakteristischen Gegenstandes, der auf der Kartenmitte skizziert ist, zu.

c) Lottospiel als Gedächtnisübung. Die Lottokarten ohne die große Karte in der gleichen Reihenfolge (Anordnung) auf den Tisch legen, wie sie auf der großen Karte gezeichnet sind. Diese Variante kann erst gespielt werden, wenn vorher schon einmal in der herkömmlichen Art gespielt wurde.

*Welche Dinge gehören zusammen?**

Aufgabe: Den Kindern soll bewußtwerden, daß manche Dinge Gemeinsamkeiten haben, zusammengehören und deshalb einen Sammelnamen haben. Die Abstraktionsfähigkeit der Kinder entwickelt sich. Ihr Wortschatz wird durch Oberbegriffe bereichert.

Material: für jedes Kind (oder bei großen Gruppen für zwei Kinder) je 1 Lottotafel mit mindestens 4 Einzelkarten. Auf jeder Lottotafel sind mehrere zusammengehörige Gegenstände, die unter einen Oberbegriff fallen, abgebildet, zum Beispiel:

Messer, Gabel, Suppenlöffel, Teelöffel	=	Besteck
Stuhl, Tisch, Schrank, Bett	=	Möbel
Apfel, Birne, Pflaume, Kirsche	=	Obst
Mantel, Rock, Pullover, Kleid	=	Kleidung
Puppe, Ball, Roller, Wagen	=	Spielzeug
Teller, Tasse, Kanne, Zuckerdose	=	Geschirr usw.

Dazu gibt es die entsprechenden Deckkarten.

Spielverlauf: Die Kinder erhalten je eine Lottokarte. Ein Kind hält wie beim üblichen Lottospiel eine kleine Deckkarte hoch und fragt die Mitspielenden, wer sie braucht. Die Erzieherin kann auch mit den Kindern vereinbaren, daß das Kärtchen mit dem Einzelgegenstand den anderen vom Spielführer nicht gezeigt werden darf. Er fragt dann: „Wer braucht ein blankes Messer?", „Wer sucht ein rotes Kleid?" usw. Die Jungen und Mädchen, die die entsprechende große Karte haben, melden sich und sagen: „Ich brauche das blanke Messer!" oder „Mir fehlt das rote Kleid!" Wer seine Karte zuerst voll belegt hat, ist Gewinner und wird nun Spielführer. Haben alle Kinder ihre große Karte richtig abgedeckt, läßt die Erzieherin sie nacheinander aufzählen, was sie gesammelt haben. Sie fragt: „Wie nennt man Messer, Gabel, Eß- und Teelöffel zusammen?“ Nur wenn die Kinder den Oberbegriff nicht allein finden, nennt ihn die Erzieherin. Dann fordert sie die Kinder auf, zu überlegen, warum Messer, Gabel, Eß- und Teelöffel zusammengehören. Um die Anforderungen an die Kinder zu erhöhen, werden bei der Wiederholung die Sammelkarten nicht ausgestellt. Die Erzieherin gibt jedem Kind ein Kärtchen, zu dem es jetzt die fehlenden allein herausfinden muß. Der Spielführer fragt, ohne die Karten vorher zu zeigen. Das Kind, das zum Beispiel von der Erzieherin ein Kärtchen mit einem Apfel bekam, meldet sich bei der Birne. Es sagt: „Ich brauche die Birne. Apfel und Birne gehören zusammen, sie gehören zum Obst.“ Die Erzieherin achtet darauf, daß die Kinder, auch wenn sie schon mehrere Karten vor sich haben, alle Einzelnamen noch einmal nennen, bevor sie die einzelnen Gegenstände mit dem Sammelnamen zusammenfassen. Sieger ist derjenige, der zuerst alle vier Karten beisammen hat und von allein sagen kann, warum die vor ihm liegenden Dinge zusammengehören.

Was ist das für ein Gegenstand? — Woraus ist er gemacht? Wie wird er hergestellt?

Aufgabe: Die Kinder erfahren, aus welchem Material verschiedene Dinge hergestellt sind, und lernen, einzelne Produkte einem Grundstoff zuzuordnen.

Material: Die Kinder erhalten große Karten, in deren Mitte sich ein Bild befindet. Auf dem Bild ist die Quelle des Materials ersichtlich. Rings um das in der Mitte befindliche Bild sind 8 kleinere Quadrate angeordnet, denen Kärtchen mit kleinen Abbildungen entsprechen. Beispiel:

Im Mittelbild ein Baum; auf den kleineren Kärtchen ist dargestellt, was man alles aus dem Holz des Baumes herstellen kann (Häuser, Möbel, Spielzeug, Bleistifte usw.). In den kleineren Kärtchen kann nicht nur das Material, sondern auch die Herstellung dieses oder jenes Gegenstandes gezeigt werden. So können zum Beispiel bei Wolle = Schaf (Mittelbild) auf den kleinen Kärtchen Stricknadeln bzw. Strickmaschinen abgebildet sein.
Spielverlauf: Das Spiel kann wie ein Lotto gespielt werden, aber um die größeren Karten können mehrere Kinder vereinigt sein. Die Erzieherin nennt die Gegenstände, die auf den Karten abgebildet sind, und fragt die Kinder, wer diese braucht. Die Kinder, die die kleinen Kärtchen dem Mittelbild nicht richtig zuordnen, müssen die Karte wieder verdecken und können das Spiel erst später beenden.
Variante: Alle kleinen Kärtchen liegen verdeckt mit der Bildseite auf der großen Karte. Ein Kind nach dem anderen deckt ein Kärtchen auf und erklärt, warum es zu dem betreffenden Mittelbild paßt, zum Beispiel: „Das ist ein hölzernes Spielzeug, deshalb paßt es zu dem Baum."

Wer weiß das?

Aufgabe: Die Kinder sollen schnell reagieren, ihre Kenntnisse von der Umwelt erweitern und festigen und zum Nachdenken angeregt werden.
Spielverlauf: Alle Kinder stehen und beantworten die Fragen der Erzieherin. Wer eine Antwort gibt, kann sich setzen. Die Erzieherin fragt zum Beispiel: „Was macht der Autofahrer (der Schneider, der Arzt, der Lehrer, der Tierwärter)?"
Varianten: a) Das Spiel kann auch so gespielt werden, daß die Kinder im Kreis sitzen, sich gegenseitig Fragen stellen und sich dabei etwas zuwerfen (Ball, Tuch).
b) Das Spiel kann erweitert werden. Es wird zusätzlich gefragt, welche Werkzeuge bzw. Geräte o. a. man in dem betreffenden Beruf braucht. Dazu können auch Kärtchen mit Abbildungen verwendet werden.

Was gehört dazu?

Aufgabe: Die Kinder müssen verschiedene Tätigkeiten dem jeweiligen Beruf zuordnen.
Spielverlauf: Es werden Tätigkeiten genannt, zu denen die dazugehörigen Berufe bestimmt werden müssen. Die Erzieherin beginnt mit dem Spiel. Sie ruft: „Nähen". Wer den richtigen Beruf gefunden hat, antwortet in einem Satz: „Der Schneider näht", und muß dann das nächste Wort

nennen, zum Beispiel „Blumen gießen". Die Antwort: „Der Gärtner gießt die Blumen."

Variante: Viel mehr Möglichkeiten hat das Spiel und ist abwechslungsreicher, wenn man sich nicht nur auf Berufe festlegt, sondern auch Tierstimmen benennt, zum Beispiel bellen (der Hund bellt), krähen, quaken usw.

Die Erzieherin muß helfende Hinweise geben, falls das Spiel zu stocken beginnt.

Zuwerfen

Aufgabe: Die Kinder sammeln Begriffe zu einem bestimmten Themenkreis, dabei vertiefen sie ihre Kenntnisse von Erscheinungen und Gegenständen aus der Umwelt.

Material: ein Ball.

Spielverlauf: Die Erzieherin steht in der Mitte des Kreises und hat einen Ball in der Hand. Sie bestimmt am Spielanfang einen Themenkreis, aus dem ihr die Kinder dann Pflanzen, Tiere oder Gegenstände usw. nennen müssen. Die Erzieherin sagt zum Beispiel „Handwerker" und wirft dann einem Kind den Ball zu. Dieses fängt den Ball, nennt zum Beispiel „Schuster" oder „Schneider" und wirft der Erzieherin den Ball zurück. Diese wirft ihn einem anderen Kind zu und bekommt ebenfalls wieder einen Handwerker genannt usw.

Wird keine Antwort gefunden, muß das Kind ein Pfand geben. Die gleiche Antwort darf nicht zweimal gegeben werden.

Die letzten Kinder haben es natürlich am schwersten, weil sich nichts wiederholen darf und die leichtesten Dinge schon am Anfang genannt werden.

Es muß darauf geachtet werden, daß alle Kinder an die Reihe kommen und nicht mehrere Male hintereinander dasselbe Kind.

Damit das Spiel recht abwechslungsreich wird, sollte die Erzieherin verschiedene Themenkreise auswählen, zum Beispiel: Gegenstände aus Holz, Gegenstände aus Glas, Fahrzeuge, verschiedene Läden usw.

Was transportieren wir?

Aufgabe: Die Kinder prägen sich den Verwendungszweck von bekannten Fahrzeugen ein. Sie üben, in vollständigen Sätzen zu sprechen.

Material: Karten, auf denen verschiedene Fahrzeuge abgebildet sind, entsprechende kleine Spielautos, jede Art zweimal (Lastauto, Pkw, Milchauto, Krankenauto, Postwagen usw.), 2 Kindertelefone.

Spielverlauf: Die Karten werden an die Kinder verteilt, so daß zwei Kinder jeweils die gleiche Autokarte besitzen. Die Erzieherin übernimmt das Telefon und ruft in verschiedenen Rollen die Kinder an (als Postvorsteher, Kaufhausleiter, Arzt usw.). Sie fordert auf, bestimmte Personen oder Waren zu transportieren. Beispiel: „Hier ist Doktor X. Ich muß

einen Kranken transportieren, welches Fahrzeug kann ich benutzen?" Eins der betreffenden Kinder geht zum Telefon und antwortet schnell: „Sie brauchen einen Krankenwagen! Er fährt den Kranken ins Krankenkaus!" Es erhält den Krankenwagen, der bei Wiederholung der Frage in anderer Form (z. B. „Hier ist Frau X, mein Kind hat den Fuß verstaucht, was soll ich tun?") vom Kind abgeschickt oder verweigert werden kann, entsprechend der Frage. Das zweite Kind mit der gleichen Karte paßt auf, ob dem ersten Kind Fehler unterlaufen; es erhält dann das Auto und kann „transportieren".

Varianten: a) Die Erzieherin verteilt alle Autos an die Kinder und hält Bildkarten hoch, auf denen Waren abgebildet sind (ein Schrank, ein Paket, eine Milchkanne, Ziegel). Das betreffende Kind muß sich melden und die „Ware" (Karte) abholen.

b) Statt der Karten können größere Autos und kleine Spielmöbel usw. verwendet werden. Die Kinder können sich auch für ihre Autos Straßen bauen.

Familie Schulz

Aufgabe: Erlebnisse, zum Beispiel vom Verreisen, vom Straßenverkehr, vom Besuch im Zirkus oder von der Erntearbeit usw., werden vertieft. Schnelles Reagieren wird geübt.

Spielverlauf: Die Erzieherin erzählt eine Geschichte. Jedes Kind erhält eine Rolle in dieser Erzählung. Wird von den Erlebnissen der Familie Schulz auf einer Reise erzählt, ist ein Kind die Mutter, ein anderes der Vater, ein drittes der Säugling (der Schaffner, die Großmutter, der Zug, der Koffer, die Fahrkarte usw.). Sobald seine Rolle in der Erzählung genannt wird, steht es auf, dreht sich einmal um sich selbst und setzt sich wieder. Vergißt es aufzustehen, muß es sich hinter seinen Stuhl stellen und so lange stehen, bis seine Rolle wieder erwähnt wird. Hat es jetzt gut aufgepaßt, darf es sich setzen.

Anfangs ist es angebracht, die Geschichte langsam zu erzählen und eventuell kleine Pausen einzulegen. Schwieriger wird das Spiel, wenn man flüssig, aber doch nicht zu schnell erzählt und die gleichen Namen einige Male hintereinander bringt, zum Beispiel: „Vater sucht die Fahrkarten, die Fahrkarten hatte Vater doch in seine Westentasche gesteckt! Wo sind sie nur? Hat Vater die Fahrkarten etwa verloren?" usw.

*Was stimmt hier nicht?**

Aufgabe: Die Kinder müssen aufmerksam zuhören, mit Hilfe ihrer eigenen Erfahrungen und Kenntnisse die geschilderten Tatsachen und Zusammenhänge überprüfen und in eine logische Ordnung bringen.
Spielverlauf: Die Erzieherin erklärt den Kindern vor dem Spiel, daß sie etwas erzählen und dabei auch manchmal etwas Falsches sagen wird; die Kinder sollen das herausfinden.
Das Spiel beginnt. Die Erzieherin erzählt zum Beispiel: „Ich ging auf einer Straße spazieren, da stieg ein Hund in die Straßenbahn ein und löste eine Schülerfahrkarte. Ein kleiner Junge kam, der sagte ‚Guten Tag' und machte einen Knicks. Bevor ich in das Lebensmittelgeschäft ging, sah ich mir die Schuhe im Schaufenster an, ging hinein, ließ mir ein Pfund Tomaten geben und sagte ‚danke schön!', indem ich die Ladentür zuschloß. Dann kaufte ich mir im Eisladen ein Taschentuch" usw. Für ältere Kinder kann das Spiel erschwert werden, indem nur geringe Abweichungen von der Wirklichkeit geschildert werden.
Jeder Spieler, der die Aufgabe lösen kann, berichtigt laut und begründet, weshalb so etwas nicht möglich ist.
Solche Geschichten können von verschiedenen Bereichen erzählt werden (Tiere, Verhalten im Kindergarten usw.).
Variante: In der Mitte des Tisches liegt eine Trommel mit Schlegel. Jeder, der eine Stelle der Erzählung als falsch empfindet, darf den Schlegel ergreifen und sofort klopfen. Wer zuerst geklopft hat, ist berechtigt, den Sachverhalt als erster zu erklären.

Wo befindet sich Peter?

Aufgabe: Die Kinder üben, sich eine geschilderte Situation genau vorzustellen und aus den Fakten zu erraten, welcher Bereich gemeint ist. Sie lernen, aufmerksam zuzuhören und gut zu kombinieren.
Spielverlauf: Die Erzieherin schildert in einer kleinen Erzählung den Arbeitsplatz eines Handwerkers, nennt dessen Werkzeuge und läßt die Kinder den betreffenden Beruf erraten. Beispiel: „Karl betritt einen kleinen

Laden, aber es ist niemand darin. Er sieht sich den Raum gut an. Dort hinten auf dem niedrigen Tisch liegen kleine und große Hämmer, Zangen und einige Büchsen mit Nägeln. Vor dem Tisch steht ein Hocker mit drei Beinen. Es riecht sehr stark nach Leder. Wer arbeitet wohl in diesem Raum?" (Der Schuster.) Wird der Beruf nicht gleich erraten, erzählt die Erzieherin weiter. Das Kind, welches den Beruf erraten hat, flüstert der Erzieherin die Lösung ins Ohr. Die übrigen Kinder raten weiter. Älteren Kindern kann man die Aufgabe erteilen mitzuerzählen. Die Erzieherin zieht sie zum Beispiel durch Fragen oder kleine Hinweise ins Gespräch oder bittet sie, etwas Bestimmtes zu erzählen.

Das Spiel ist erst dann beendet, wenn alle Kinder den Beruf erraten haben.

Sehr abwechslungsreich und interessant kann die Erzieherin dieses Spiel gestalten, wenn sie den Kindern die verschiedensten Aufgaben stellt. Sie müssen zum Beispiel raten, in welchem Geschäft sie sich befinden (Selbstbedienungsladen, Kaufhaus, Fleischer, Bäckerladen, Textil- oder Uhrengeschäft, Papierwaren usw.), oder sie berichtet ihnen von einem großen Kinderspielplatz, einer Badeanstalt, einem Garten, einem Bauernhof, einer Wiese, einem Wald, einem Kindergarten usw.

Die Wahl der Themen und der Inhalt der Erzählung richten sich immer nach dem Entwicklungsstand und dem Erlebniskreis der Kinder.

Wenn das Spiel einige Male gespielt wurde, werden die Kinder aufgefordert, auch eine Geschichte zu erzählen.

Reise durch die Stadt

Aufgabe: Die Kinder lernen, zusammenhängend zu erzählen, zu kombinieren, und vertiefen dabei ihre Kenntnisse über den Heimatort.

Material: Bildreihen aus der Heimatstadt.

1. Menschen in Berufskleidung (aber auch Schul- und Kindergartenkinder),
2. Fahrzeuge (auch feinere Unterschiede: verschiedene Pkw-Typen, Motorrad, Motorroller usw.),
3. wichtige Gebäude und Sehenswürdigkeiten der Stadt.

Die Bilder können gemalt oder fotografiert und dann auf Karton aufgezogen werden. Auch Ansichtskarten lassen sich verwenden.

Spielverlauf: An verschiedenen Stellen im Zimmer werden Bilder (gemischt) ausgelegt. Die Kinder werden in vier kleinere Gruppen (bis zu vier Kindern) eingeteilt. Jede Gruppe erhält eine Aufgabe. Die erste Gruppe sammelt zum Beispiel Bilder von den Menschen, die in der Stadt wohnen. Die zweite Gruppe sammelt Bilder von den Fahrzeugen, die die Menschen

benutzen. Die dritte Gruppe sammelt Bilder von großen und schönen Gebäuden, auch Denkmälern und anderen Verschönerungen und Besonderheiten der Stadt. Die vierte Gruppe empfängt die Reisenden. Sie fragen nach den Besonderheiten der Stadt. Haben die Kinder nur wenige Karten gesammelt, erzählen sie von allem; sind es viele Karten, erzählen sie von einigen Bildern.
Die Aufgabe kann mit einer Bildreihe erweitert werden: Was arbeiten die Menschen in unserer Stadt?
Variante: Die Karten liegen nach Bereichen sortiert, und jedes Kind nimmt sich eine Karte von jeder Sorte. Zu den drei oder vier Karten, die ein Kind erhält, erzählt es eine Geschichte, zum Beispiel: „Ein Bergarbeiter fährt mit dem Motorroller zum großen Kaufhaus. Er will sich etwas kaufen" usw. Bei der Erzählung kann auch die Vergangenheit oder Zukunft gewählt werden, zum Beispiel: „Ein Briefträger wird mit der Straßenbahn zum Tierpark fahren."

Erfahrungen aus der Welt der Natur

Teddybär hat ein Blatt gefunden

Aufgabe: Die Kinder müssen ein bestimmtes Blatt suchen, sie üben sich im genauen Vergleichen.
Spielverlauf: Der Teddybär wird zum Spazierengehen mitgenommen. Im Wald, auf der Wiese oder auch im Grundstück des Kindergartens steckt die Erzieherin dem Teddybär ein Blatt in die Tatzen und sagt zu den Kindern: „Seht mal, was unser Teddybär gefunden hat." Die Kinder bezeichnen den Fund. Die Erzieherin vermittelt: „Er bittet euch, daß ihr ihm noch mehrere solcher Blätter sucht."
Wenn ein Kind einen Fehler gemacht hat, dann „brummt" der Teddybär und „schüttelt" den Kopf; er verlangt, daß die Aufgabe noch einmal wiederholt und richtig ausgeführt wird.

Bäume erkennen

Aufgabe: Die Kinder üben sich im Erkennen verschiedener Bäume.
Spielverlauf: Die Erzieherin fordert die Kinder auf, an eine Buche (Fichte, Kiefer oder Eiche usw.) zu laufen. Wer am schnellsten den Baum findet, stellt den anderen Kindern eine neue Aufgabe.
Varianten: a) Ein Blatt wird hochgehalten. Die Kinder sollen sich besinnen, zu welchem Baum das Blatt gehört, ihn benennen und schnell zu solch einem Baum hinlaufen.

b) Alle Kinder erhalten Blätter von verschiedenen Bäumen. Sie müssen damit zu dem bestimmten Baum laufen. Die Erzieherin kontrolliert mit allen Kindern, ob die richtigen Bäume gefunden wurden.
c) Die Kinder spielen Haschen. Als Freistelle werden alle Birken bestimmt. Später wird gewechselt, und eine andere Baumart wird Freistelle.

*Suche genau das gleiche!**

Aufgabe: Die Kinder sollen genau vergleichen lernen und ihre Kenntnisse von Bäumen und Sträuchern vertiefen.
Material: Blätter von verschiedenen Laubbäumen, Sträuchern und Pflanzen. Eventuell Faltschachteln oder Umschläge.
Spielverlauf: Vor einem Spaziergang gibt die Erzieherin den Kindern ein Blatt. Sie sollen den Baum, Strauch oder die Pflanze finden, zu denen das Blatt gehört. (Dabei sollte nur bei bekannten Pflanzen der Name genannt werden.)
Wenn die Kinder herausbekommen haben, von welcher Pflanze das Blatt stammt, müssen sie es durch genaues Beschreiben begründen. Sie erhalten für richtiges Suchen eine Frucht (Eichel – Erlenzapfen) als Gewinn. Wer die meisten Früchte besitzt, hat gewonnen.
Varianten: a) Die Erzieherin hat mit den Kindern mehrere Faltschachteln oder Umschläge (doppelt soviel, wie Kinder anwesend sind) vorbereitet, in denen sich bestimmte Pflanzenteile befinden (ein Blatt, ein Gras usw.). Jedes Kind erhält eine Schachtel. Die Aufgabe besteht darin, dieselbe Pflanze oder denselben Pflanzenteil zu suchen und der Erzieherin zu bringen. Die ihnen bekannten Pflanzen nennen die Kinder mit Namen.
b) Die Kinder können auch Samen erhalten, sie müssen dann die Pflanze suchen, aus der der Samen herausgefallen ist.
c) Für ältere Kinder kann erschwerend hinzukommen, daß sie erzählen, wo sie die gesuchte Pflanze gefunden haben, und den Pflanzenteil genau bestimmen. (Das Blatt eines Baumes, eines Strauches, ein Gras oder eine Blume.) Von ihnen kann man auch verlangen, daß sie bestimmen, ob es sich um eine wildwachsende oder um eine Kultur-(Garten-)Pflanze handelt, um eine Gemüseart usw.
Wer eine Aufgabe gelöst hat, erhält zum Beispiel einen Erlenzapfen als Beleg und bekommt eine weitere Schachtel; in dieser Weise können mehrere Aufgaben hintereinander gelöst werden. Wer in einer bestimmten Zeit die meisten Aufgaben gelöst hat – die meisten Erlenzapfen besitzt –, hat gewonnen. Das Spiel kann auch mit kleineren Spielgruppen durchgeführt werden. Die Gruppe, die viele Aufgaben gelöst hat, ist Sieger.

Blättertausch

Aufgabe: Die Kinder beachten die Unterschiede zwischen den verschiedenen Blättern und prägen sich deren Merkmale ein.
Material: Blätter von verschiedenen Laubbäumen, Sträuchern oder Pflanzen.
Spielverlauf: Alle Kinder stehen im Kreis, ein Kind in der Mitte. Jedes Kind hat ein Blatt in der Hand, jedes Blatt ist im Kreis nur einmal vorhanden. Das Kind, das in der Mitte steht, wünscht sich ein Blatt: „Ich möchte bitte das rote Ahornblatt." Das Kind, das das rote Ahornblatt in der Hand hält, gibt es dem Kind in der Mitte, nimmt ihm sein Blatt ab und geht in den Kreis zurück, das andere Kind bleibt in der Mitte und wünscht sich ein neues Blatt. Dabei werden die Blätter ständig getauscht, die Kinder haben immer andere Blätter in der Hand.
Varianten: a) Dieses Spiel wird erschwert, wenn der Kreis vergrößert und jedes Blatt verdoppelt wird. Zum Blättertausch kommt das Kind, das sein Blatt zuerst richtig erkennt und es in die Mitte bringt.
b) Eine weitere Steigerung dieser Spielform wird erzielt, wenn jedes Kind zwei verschiedene Blätter in den Händen hält.

Laubhasch

Aufgabe: Die Kinder wenden ihre Kenntnisse von den verschiedenen Blättern im Spiel an.
Spielverlauf: Mit den Kindern werden Blätter der verschiedenen Bäume und Sträucher gesammelt, die ihren Merkmalen nach charakteristisch sind und sich gut unterscheiden lassen, zum Beispiel Rose, Eiche, Ahorn, Flieder, Kastanie, Birke usw. Die Namen der gesammelten Blätter werden wiederholt und gleich die Bäume und Sträucher dazu gesucht.
Das Kind, das kein Blatt hat, ist der Haschmann. Wird ein Kind zu lange verfolgt und will sich ausruhen, muß es sich den Baum suchen, dessen Blatt es in der Hand hält. Wird es vorher gehascht, dann geht das Blatt an den Häscher über, aber erst, wenn dieser den Namen des Blattes gesagt hat. Kann er den Namen nicht sagen, muß er weiter haschen. Auf diese Weise wechseln die Kinder häufig die Blätter untereinander.

Blätterpaare

Aufgabe: Die Kinder sollen genau unterscheiden und vergleichen und ihre Kenntnisse von den Blättern anwenden.
Material: selbstgesammelte und gepreßte Blätter. Für die jüngeren Kinder

müssen unterschiedliche Formen ausgewählt werden. Eventuell auch aufgemalte Blätter und die dazugehörige Frucht.
Spielverlauf: Die auf Karton aufgeklebten Blätterpaare können ein Zuordnungsspiel ergeben. Einen Satz Karten hat die Erzieherin, die anderen Karten liegen vor den Kindern. Wenn die Kinder an der Karte der Erzieherin ihr eigenes Blatt wiedererkennen, müssen sie sagen, wie der Baum heißt, von dem das Blatt ist, und wo sie diesen Baum schon einmal gesehen haben.
Dieselben Karten können auch als Kartenspiel verwendet werden. Jedes Kind beschreibt seinem Nachbarn, welches Blatt es braucht, um ein Blätterpaar zu haben. Hat es das richtige erhalten, legt es die doppelten Karten weg.

Für jede Frucht ein Blatt

Aufgabe: Die Kinder lernen, Früchte und Blätter einander zuzuordnen, vertiefen ihre Vorstellungen von Mengen und Zahlen und verhalten sich höflich zueinander.
Material: auf dem Boden liegendes Laub und Früchte.
Spielverlauf: Die Kinder bauen einen Verkaufsstand auf. Verkauft werden Eicheln und Kastanien. Eichen- und Kastanienblätter sind das Geld. Wer vier Eicheln kauft, muß mit vier Eichenblättern zahlen. Für drei Kastanienblätter erhält man drei Kastanien.
Zunächst sollten nur zwei Arten verkauft werden. Das Spiel kann dann später durch eine größere Auswahl von Blättern und Früchten bereichert werden (Buche, Heckenrose, Ahorn usw.).

*Zweige und Früchte**

Aufgabe: Die Kinder sollen ihre bei Beobachtungen erworbenen Kenntnisse vertiefen und die Früchte dem betreffenden Baum zuordnen lernen.

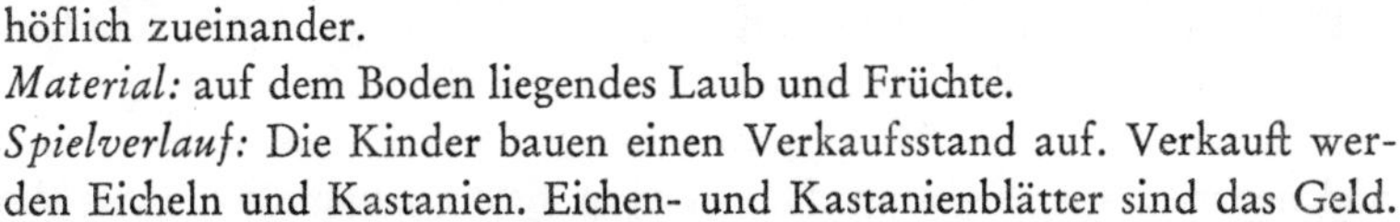

Material: Laub von verschiedenen Bäumen und die dazugehörigen Früchte. Jede Art sollte zweimal vorhanden sein.
Spielverlauf: Im Zimmer kann das Spiel wie ein Lottospiel gespielt werden. Die Kinder erhalten verschiedene Früchte (Kastanien mit stachliger Schale, Bucheckern, Ahornfrüchte, Erlenfrüchte, Ebereschenbeeren, Hage-

butten, Eicheln). Die Erzieherin zeigt die Zweige und fragt, welche Früchte dazu gehören. Es können auch die Zweige an die Kinder verteilt und die Früchte von der Erzieherin gezeigt werden. Wer richtig erkannt hat, gibt seine Frucht an die Erzieherin ab beziehungsweise erhält von ihr die gleiche.

Varianten: a) Zwei Kinder werden für kurze Zeit aus dem Zimmer geschickt. Auf je zwei Tischen werden einige Zweige und Früchte falsch zusammen angeordnet, zum Beispiel die Kiefernzapfen zum Kastanienblatt. Die beiden Kinder haben die Aufgabe, Früchte und Zweige richtig zuzuordnen. Hierbei kann auch die Geschwindigkeit gewertet werden.

b) Alle Zweige liegen auf einer langen Tischreihe. Die Früchte befinden sich in einem Körbchen. Ein Kind geht diese Reihe entlang und verteilt die Früchte auf die entsprechenden Zweige, während die zuschauenden Kinder kontrollieren. Nach einer bestimmten Zeit rufen sie nach Hinweis des Spielführers: „Eins, zwei, drei, jetzt ist's vorbei!“ Dann muß die Aufgabe erfüllt sein. Das läßt sich auch durch zwei Kinder als Wettspiel gestalten.

c) Die Erzieherin ruft ein Kind auf und nennt dazu einen Baum, zum Beispiel die Kastanie. Das betreffende Kind muß Zweig und Frucht holen und hochzeigen. Hat es die Aufgabe gelöst, ruft es selbst ein anderes Kind und nennt ihm einen Baum. Hat es nicht richtig ausgewählt, führt die Erzieherin das Spiel weiter. Auch daraus kann ein Wettspiel entstehen. Die Kinder bilden zwei Gruppen, und jede richtige Lösung der Aufgabe wird für die Gruppe gewertet.

Es wächst, blüht und reift

Aufgabe: Das Spiel setzt bestimmte Kenntnisse vom Wachstumsprozeß der Früchte, Beeren usw. voraus. Es kann der Wiederholung und Vertiefung der Kenntnisse über die Entwicklung bestimmter Pflanzen dienen.

Material: je 3 Karten, auf denen Baumfrüchte oder Beeren in den einzelnen Entwicklungsstadien dargestellt sind, zum Beispiel Knospe, Blüte und Frucht der Heckenrose.

Spielverlauf: Das Spiel wird wie ein Quartettspiel gespielt.

Variante: Die Karten werden an die Kinder verteilt. Ein Kind legt eine

Karte aus; die Kinder, die dazu passende Karten haben, legen sie an. Um das Spiel zu erschweren, kann man die Zeit kürzen, die den Kindern zum Vergleichen der Karten gegeben wird.

*Feldblumenspiel**

Aufgabe: Die Kinder lernen vergleichen und ordnen bestimmte Blumen einem Strauß zu.
Spielverlauf: Auf einer Wiese zeigt die Erzieherin den Kindern drei Blumensträuße (nur wenige Pflanzen), zum Beispiel Kornblumen, Glocken-

blumen und Hahnenfuß. Sie macht die Kinder auf die wesentlichen Merkmale der Pflanzen aufmerksam und sagt ihnen die Namen. Die Kinder bekommen zunächst einzelne Aufträge, zum Beispiel eine blaue Blume zu suchen und zu sagen, wie sie heißt. Später werden sie aufgefordert, alle drei Blumen zu suchen und sie den Sträußen zuzuordnen.
Am Ende des Spiels schlägt die Erzieherin vor, aus den gepflückten Blumen bunte Sträußchen für den Gruppenraum oder das Kinderzimmer zusammenzustellen.

Suche etwas, was dem hier nicht gleicht!

Aufgabe: Die Kinder sollen einen Einblick in die Vielfalt der Formen und Farben der Pflanzen erhalten und feine Unterschiede erkennen.
Spielverlauf: Die Kinder stellen sich auf die Wiese oder an den Wegrand. Die Erzieherin erläutert die Spielregel und beginnt gleichzeitig das Spiel. Sie pflückt irgendeinen Grashalm ab und fordert ein Kind auf, einen andersartigen zu pflücken. Dieses zeigt seinen Halm den anderen, wendet sich an das nächste Kind, gibt ihm den Strauß und sagt: „Suche du ein Gras, das dem nicht gleicht." Keine Pflanze darf doppelt im Strauß enthalten sein.
Das Spiel endet, wenn keine neue Grasart mehr gefunden wird.

Der Blumenladen

Aufgabe: Die Kenntnisse von den Blumen werden vertieft. Einzelne Merkmale werden exakt beobachtet, und die Regeln, die für den Verkauf gelten, müssen beachtet werden.
Material: Gräser, Blumenvasen, Blumen (eventuell auch künstliche).

Spielverlauf: Von Blumen, die auf der Wiese und im Garten gesammelt wurden, wird ein Blumenladen arrangiert. Die Käufer müssen Form und Farbe der Blätter sowie Form und Farbe der Blüten beschreiben. Nach der Beschreibung muß der Verkäufer herausbekommen, welche Blume der Käufer wünscht. Dabei werden einige Blumen mit ihren richtigen Namen benannt.
Die Erzieherin achtet darauf, daß die Blumen wieder ins Wasser gestellt werden.

Überlege schnell!

Aufgabe: Schnelles Reagieren wird geübt, die Kenntnisse aus der Natur werden vertieft.
Material: ein Tuch.
Spielverlauf: Ein Kind wirft einem anderen ein Tuch zu und nennt dabei eine Farbe, zum Beispiel Blau. Das Kind, dem das Tuch zugeworfen wurde, muß schnell eine blaue Blume oder Pflanze nennen, zum Beispiel „Glokkenblume“. Dann wirft es das Tuch einem anderen zu und ruft: „Grün“. „Gras“, antwortet dieses Kind und ruft dem nächsten schnell eine neue Farbe zu. So wird das Spiel fortgesetzt.
Variante: Die Kinder können sich vor dem Spiel auch auf andere Fragen einigen, zum Beispiel kann das erste Kind Feld, Wald oder Wiese nennen, und das zweite Kind muß mit etwas Typischem aus dem jeweiligen Bereich antworten. Das kann ein Tier oder eine Pflanze sein.

Kombiniertes Zuordnungsspiel
Obst / Gemüse
Farben / Formen

Aufgabe: Die Kinder üben das Unterscheiden von Obst- und Gemüsearten, das Zuordnen zum Oberbegriff (Satz 1), das Erfassen der Mengen 1 bis 3 (Satz 2).
Material: große runde Pappscheibe mit 12 Feldern, in der Mitte Markierung für runde Auflegescheiben, 2 Sätze Anlegescheiben.
Satz 1 (Obst / Gemüse):

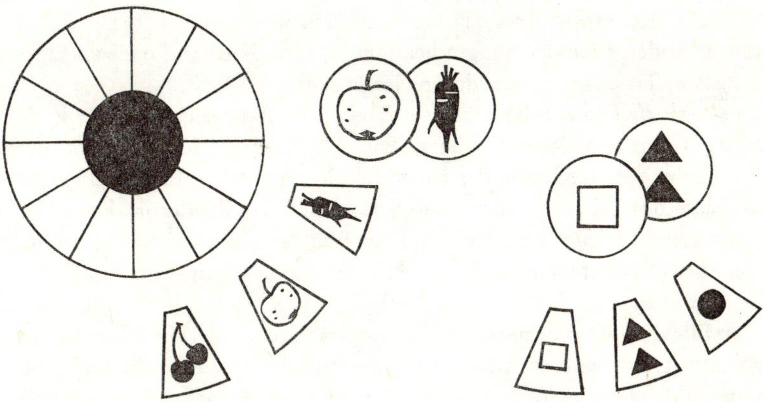

12 dreieckförmige Anlegestreifen mit folgenden Abbildungen (gezeichnet oder geklebt): Apfel, Birne, Kirsche, Erdbeere, Pflaume, Stachelbeeren, Radieschen, Möhren, Kraut, Kohlrabi, Bohnen, Zwiebeln.
Satz 2 (geometrische Formen und Farben):

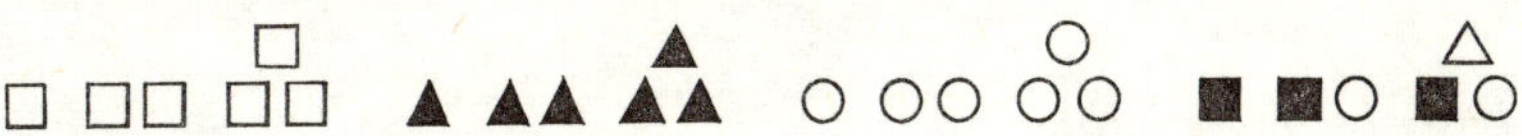

12 dreieckförmige Anlegestreifen mit je 1 bis 3 geometrischen farbigen Formen in folgender Anordnung:
Jeweils 12 runde Mittelscheiben mit den gleichen Formen (vgl. Zeichnung).
Spielverlauf: Die große Pappscheibe wird in die Tischmitte gelegt, der Spielführer erhält alle runden Auflegescheiben eines Satzes. Jedes Kind erhält eine Anlegekarte.
Der Spielführer legt nacheinander die runden Scheiben auf die rote Markierung der Pappscheibe (Mitte) und läßt die abgebildete Darstellung (Namen der Früchte, Formen oder Farben) von einzelnen Kindern nen-

nen. Das Kind, das die passende Anlegekarte hat, legt sie an beliebiger Stelle auf eines der Felder an. Ist die Scheibe völlig belegt, beginnt das Spiel von neuem. Wer nicht aufpaßt oder eine falsche Karte anlegt, gibt ein Pfand.
Das Spiel kann beliebig erweitert werden, wenn man auf der Rückseite der Karte andere Abbildungen zu einem neuen Sammelbegriff anbringt oder neue Spielkartensätze anfertigt, zum Beispiel Kleidung, Möbel, Lebensmittel.

Hase und Schneemann

Aufgabe: Kenntnisse von den Gemüsesorten werden vertieft. Die Handlungen anderer Kinder müssen beachtet werden. Niemand darf vorsagen.
Material: Teile von verschiedenen Gemüsesorten.
Spielverlauf: Die Kinder sitzen im Kreis. Der „Schneemann" steht in der Mitte. Vor dem Schneemann liegt „Futter" (Teile von der Mohrrübe, dem Weißkohl, dem Kohlrabi, der Kartoffel, dem Rotkohl). Ein Kind verläßt als Hase das Zimmer. Inzwischen beraten sich die Kinder im Kreis. Der Hase kommt wieder herein und erfährt von den Kindern, was er nehmen soll. Der Schneemann bestätigt, daß der Hase richtig beziehungsweise falsch wählt.
Varianten: a) Der Schneemann ist eingeschlafen. Der Hase kommt angehoppelt und nimmt sich Futter. Der Schneemann erwacht und stellt fest, welches Gemüse fehlt. Hat er richtig verglichen, darf er Hase sein oder bekommt eine Spielmarke.
b) Der Hase entfernt mehrere Dinge und hüpft zu seinem Nachfolger. Wenn dieser sagen kann, was der Hase sich genommen hat, übernimmt er die Rolle. Frage und Antwort können auch festgelegt werden, zum Beispiel: „Nimm Weißkohl, Hase, friß dich satt, aber nimm das richtige Blatt!"

Lustige Tiergeschichten

Aufgabe: Die Kinder ahmen Tierlaute nach und üben dabei das richtige Bilden der Vokale und Konsonanten.
Material: Spielzeugtiere oder Bildkarten (evtl. zum Umhängen), auf denen je ein Tier abgebildet ist.
Spielverlauf: Die Erzieherin sagt den Kindern: „Ich will euch heute eine Geschichte erzählen, in der viele Tiere vorkommen. Hier sind alle diese Tiere. Ich verteile sie an euch." Sie gibt dann jedem Kind eines der Tiere oder eine Karte, auf der ein Tier abgebildet ist, und sagt dazu: „Du bist jetzt das winzige kleine Mäuschen, das ‚piep, piep' ruft." Sie gibt dem

Kind das Tier in die Hand beziehungsweise hängt ihm die Bildkarte um und fordert es auf, den entsprechenden Tierlaut nachzuahmen.
Beim Erzählen der Geschichte verfolgen alle Kinder nun aufmerksam den Handlungsablauf. Wird das Tier erwähnt, das das Kind bekommen hat, muß es sofort ohne besondere Aufforderung die entsprechenden Laute nachahmen.
Erweiterung beziehungsweise Erschwernis des Spiels durch große und kleine Tiere: Tiervater, Tiermutter, Tierkinder.

Wer kennt das Tier?

Aufgabe: Die Kinder vertiefen ihre Kenntnisse von Tieren, indem sie bestimmte Eigenschaften nachahmen.
Spielverlauf: Ein Kind berät mit der Erzieherin leise die Wahl eines Tieres, dessen Stimme und Bewegung es nachahmen will. Die Erzieherin kann ihm dabei Hinweise auf typische Bewegungen und Laute des Tieres geben. Danach führt das Kind seinen Spielkameraden das Tier vor, zum Beispiel ein Pferd, das wiehert, schnaubt, galoppiert, geht und bei jedem Schritt mit dem Kopf nickt, scharrt usw.
Es ist meist nicht schwer, das Tier an der Stimme zu erkennen. Deshalb ist es richtig, wenn die Stimme des Tieres nicht gleich am Anfang nachgeahmt wird, sondern wenn erst seine Bewegungen vorgeführt werden.
Wer zuerst errät, welches Tier dargestellt wird, darf mit der Erzieherin ein neues Tier wählen und es nachahmen.
Damit jedes Kind in Ruhe nachdenken kann, bis es selbst auf die richtige Lösung kommt, kann man sich auf eine neue Regel einigen. Leise geht jedes Kind, das glaubt, richtig geraten zu haben, zu der Erzieherin und flüstert ihr den Namen des Tieres ins Ohr.

*Wildlebende Tiere und Haustiere**

Aufgabe: Die Kinder lernen, Tiere ihrem Lebensbereich und ihrer Art zuzuordnen.
Material: 5 Karten mit folgenden Darstellungen: Tierfarm – Geflügelfarm – Wald – Wiese – Teich. Mehrere kleine Karten mit einzelnen Tieren aus diesen Bereichen, zum Beispiel „Wald“: Wildkaninchen, Uhu, Waldmeise, Eichhörnchen, Waldvogel; oder „Wiese“: Enten, Schmetterlinge, Frösche, Marienkäfer usw. Auf eine große Karte kommen etwa 6 kleine.
Spielverlauf: Das Spiel wird als Lotto gespielt. Die Kinder wählen die Leitkarte und erfragen oder raten die dazugehörigen Lottokärtchen, die wiederum ein Bild ergeben.

Varianten: a) Jedes Kind zieht eine Karte, zum Beispiel eine Fliege, und erfragt reihum oder nach Aufruf vom Spielleiter alle im Spiel befindlichen Insektenkarten.

b) Bildkarten von Tieren (Haustiere, wildlebende Tiere usw.) werden je in einem Umschlag bereitgelegt. Jedes Kind zieht einen Umschlag, betrachtet das darinliegende Bild für sich und überlegt, welche Merkmale für das Tier zutreffen, dann legt es den Umschlag auf den Tisch. Ein Kind gibt ein Rätsel über sein Tier auf. Wer zuerst richtig geraten hat, zieht das Bild aus dem Umschlag und formuliert das nächste Rätsel.
c) Ein Kind zieht einen Umschlag, legt die Karte fort und beschreibt das Tier.

Alle Vögel, kommt zum Futterhaus!

Aufgabe: Die Kinder üben sich, abgebildete Vögel zu erkennen.
Material: Karten mit Abbildungen von Vögeln.
Spielverlauf: Ein Kind ruft die Vögel. Diese rufen zurück: „Wir können nicht, die Katz' liegt auf der Lauer!“ Das Kind ruft nochmals: „Alle Vögel, kommt zum Futterhaus!“, worauf alle zur markierten Stelle abfliegen. Ein Kind, das abseits kauert, ist die Katze und versucht, einen Vogel zu fangen. Haben die Kinder Karten umgehängt, muß die Katze sagen, welchen Vogel sie gefangen hat; kann sie es nicht, darf der Vogel wieder mitfliegen.
Variante: Ein Kind singt das Lied: „Vöglein, du mußt fliegen, die Katz' darf dich nicht kriegen. Vöglein husch, Vöglein husch, fliege schnell auf diesen Busch!“ Es warnt mit dem Lied die Vögel. Bei „husch“ fliegen alle zu einem Busch, ohne sich von der Katze, die nun zuspringt, fangen zu lassen. Wer zu einem Baum fliegt, scheidet aus. Später kann man die Kinder zu unterschiedlichen Büschen fliegen lassen. Das Kind singt dann: „Fliege schnell auf den Stachelbeerbusch“ usw. (Bei dieser Spielvariante werden die Begriffe „Baum“ und „Busch“ gefestigt.)

Fell oder Federn?

Aufgabe: Die Kinder festigen ihre Kenntnisse über die Körperbedeckung der Tiere. Sie erkennen, daß Tiere, die Federn haben, Vögel sind und fliegen können.

Spielverlauf: Jedes Kind überlegt sich, welches Tier es sein will. Auch Bildkarten können verteilt werden.

Ein Kind steht in der Mitte und fragt das herangewinkte Tier: „Wie heißt du, liebes Tier?" Das gefragte Tier äußert sich mit den entsprechenden Lauten. Ist es ein Tier mit Fell, muß es gestreichelt werden. Wird ein Tier mit Federn gestreichelt, „fliegt" es schnell weg, und das Kind in der Mitte gibt ein Pfand. Ein Pfand gibt zum Beispiel auch der „Kukkuck", der sich doch streicheln, oder die „Katze", die sich nicht streicheln läßt. Sind Äußerung und Geste richtig, kommt das befragte Kind in die Mitte.

Alles, was Flügel hat, fliegt

Aufgabe: Die Kinder üben sich im aufmerksamen Zuhören und schnellen Reagieren, sie erfahren, welche Tiere der Gruppe „Vögel" zugeordnet werden.

Spielverlauf: Jedes Kind legt seine beiden Zeigefinger oder seine Hände auf den Tischrand. Die Erzieherin beginnt: „Alles, was Flügel hat, fliegt ...", dann zählt sie auf: „Tauben fliegen, Gänse fliegen, Störche fliegen, Flugzeuge fliegen, Spatzen fliegen, Häuser fliegen ..." Bei jeder Aufzählung hebt sie ihre Arme. Bei Dingen, die wirklich fliegen können, müssen die Kinder ebenfalls ihre Arme heben. Ruft die Erzieherin: „Häuser fliegen", hebt sie zwar selbst die Arme, alle anderen Spieler aber müssen ihre Hände auf dem Tischrand behalten. Paßt jemand nicht auf, gibt er ein Pfand.

Tiere erraten

Aufgabe: Die Kinder beschreiben Eigenschaften und Verhaltensweisen von Tieren. Sie schließen aus der Beschreibung auf ein bestimmtes Tier. Durch dieses Wechselspiel vertiefen sie ihre Kenntnisse von den Tieren.

Spielverlauf: Ein Kind wählt ein Tier und berichtet von seinen Eigenschaften, seiner Farbe, seinem Körperbau usw. Es beschreibt zum Beispiel einen Frosch: „Mein Tier kann springen, schwimmen, muß sich vor dem Storch in acht nehmen, quakt" usw. Fällt es einem Kind schwer, etwas über das Tier auszusagen, kann ihm die Erzieherin schon vor dem Spiel

helfen, indem sie mit ihm überlegt oder beim Spiel Fragen stellt, zum Beispiel, ob das Tier im Stall, im Wald oder im Teich lebt, ob es fliegen, laufen oder schwimmen kann, welche Farbe es hat, ob es groß oder klein ist usw. Natürlich dürfen ihm auch die Kinder Fragen stellen.
Das Kind, das erraten hat, welches Tier beschrieben wurde, darf sich ein anderes Tier wählen und von ihm berichten.

Tierkinder suchen ihre Mutter

Aufgabe: Die Kinder sollen lernen, dem Muttertier die Jungen zuzuordnen und diese auch richtig zu bezeichnen.
Material: ein Satz Karten mit Abbildungen von Tieren, ein zweiter Satz mit den Bildern der dazugehörigen Jungtiere.
Spielverlauf: Die Erzieherin teilt den Kindern Tierkarten aus. Die Karten mit den dazugehörigen Jungtieren verbleiben bei der Erzieherin. Sie zeigt zum Beispiel den Kindern junge Katzen und sagt: „Die kleinen Kätzchen rufen nach ihrer Mutter. Wie werden sie denn rufen?“ Kinder: „Miau.“ „Und wie heißt die Mutter von den kleinen Kätzchen?“ Kinder: „Katze.“ „Nun wollen wir diesen kleinen Katzen helfen, ihre Mutter zu finden.“ Das Kind, das das Bild der Katze hat, meldet sich und erhält die Abbildung der jungen Katzen dazu. Das Spiel wird so lange durchgeführt, bis alle Tierkinder ihre Mutter gefunden haben.

Tierpflege

Aufgabe: Die Kenntnisse von der Tierpflege werden vertieft.
Material: ein großes in vier Felder geteiltes Spielbrett, in dessen Mitte vier Ställe (vier kleinere Felder) markiert sind. Sie sollen den Enten-, den Hühner-, den Schweine- und den Rinderstall darstellen. Um die Ställe herum ein Weg, der in kleine Quadrate geteilt ist. In bestimmten Abständen besondere Markierung einiger Felder (farbig oder mit symbolhafter Darstellung, z. B. Melkschemel oder Körnertrog). Das äußere Feld stellt den Auslauf oder die Weide für die Tiere dar. Für jeden Stall sind zwei gleiche Setzfiguren (Spielzeugtiere oder aus Faltformen hergestellte Tiere) vorhanden.
Spielverlauf: Es können jeweils vier Kinder spielen, sie würfeln reihum; das Kind, das eine 6 gewürfelt hat, darf ein Tier auf die Anfangsmarkierung setzen und entsprechend seiner nochmals gewürfelten Zahl sein Tier „auf die Weide treiben“. Unterwegs darf es, falls es auf ein markiertes Feld gerät, jeweils vorrücken, wenn es sagen kann, was es tun muß. Beispiel:

Blaues Feld:	Das Tier erhält Futter; das Kind sagt an, was sein Tier frißt, und rückt zwei Felder vor.
Rotes Feld:	Die Kuh wird gemolken; der Spieler rückt ein Feld vor.
Grünes Feld:	Der Stall wird gereinigt, das Tier wird zur Weide getrieben; der Spieler rückt bis zum Weidepunkt vor und ist Sieger, wenn er auch das zweite Tier als erster im Weidefeld hat.

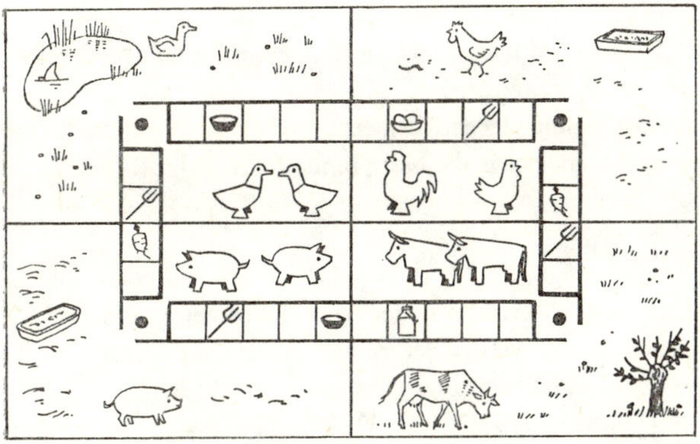

Variante: Sind alle Tiere „auf der Weide", können die Kinder das Spiel erneut in umgekehrter Reihenfolge beginnen. Sieger ist, wer seine Tiere zuerst wieder im Stall hat. Bei einem roten Feld kann auch festgelegt werden, daß der Spieler ein Feld vorrückt, wenn er den Nutzen seines Tieres beschreiben kann.

Wald – Wiese – Feld

Aufgabe: Die Kinder lernen, einzelne Erscheinungen aus Natur und Gesellschaft den entsprechenden Lebensbereichen zuzuordnen.
Material: 5 Tafeln, auf jeder sind typische Merkmale aus den Bereichen Wald – Wiese – Feld – Garten – Fluß dargestellt. Beispiel „Feld": Pflanzen, Tiere, arbeitende Menschen mit Arbeitsgeräten, modernen Maschinen usw. Zu jedem Bild gehören 9 kleine Lottodeckkarten, die dem Thema der Leitkarte entsprechende charakteristische Einzeldarstellungen zeigen. Während das Bild die Hälfte der Leitkarte einnimmt, ist die andere Hälfte in 9 gleich große Felder unterteilt. Darüber hinaus kann eine größere Zahl von Lottokarten aus verschiedenen Teilbereichen vorhanden sein (z. B. Pflanzen, Tiere u. a. aus Wald, Wiese, Feld). Sie ermöglichen eine abwechslungsreiche vielseitige Gestaltung dieses Spiels.

Spielverlauf: Der Spielführer verteilt an die Kinder je eine Tafel und wiederholt dabei kurz die für das Verständnis notwendigen Kenntnisse. Hat jedes Kind eine Tafel erhalten, werden die Deckkarten gemischt. Der Spielführer hebt diese einzeln hoch und fordert die Kinder auf, sie der jeweiligen passenden Karte zuzuordnen. Das erfolgt am besten nach den Begriffen „Wald", „Wiese", „Feld" usw. Die Kinder kontrollieren, ob sie die Aufgabe richtig erfüllt haben, indem sie die Rückseite der Lottokarten aufdecken. Haben sie richtig zugeordnet, dann erscheint das gleiche Bild wie auf dem linken Teil der Leitkarte noch einmal.

Varianten: a) Alle Kinder ordnen zuerst die Blumen, dann die Nutzpflanzen oder die Tätigkeiten der Menschen.

b) Nur einige Tierdeckkarten werden benutzt, und jedes Kind muß eine kleine Begebenheit erzählen, ehe es die betreffende Karte erhält.

*Die vier Jahreszeiten**

Aufgabe: Charakteristische Merkmale der vier Jahreszeiten im Bereich der Natur (Pflanzen, Früchte, Tiere), der Arbeit in der Natur (im Garten, auf dem Feld) und dem kindlichen Spiel werden unterschieden.

Material: 4 in drei Felder geteilte große Karten. Auf jeder Karte wird eine Jahreszeit bildlich dargestellt.

Beispiel: „Frühling".

Erster Teil: Die Darstellung typischer Erscheinungen, Wachstumsvorgänge in der Natur und in der Tierwelt (blühender Baum und Strauch, Frühlingsblumen, neugeborene Tiere, Vogelnest mit brütendem Vogelweibchen).

Zweiter Teil: Typische Arbeitsvorgänge der Menschen in Garten und Feld. (Graben, Säen, Pflanzen im Garten, Pflügen, Eggen, Drillen auf dem Feld.)

Dritter Teil: Charakteristische Frühjahrsspiele und Bekleidung der Kinder (Kreiseln, Hüpfkasten, Rollschuhlauf).

Beispiel: „Sommer".

Erster Teil: Natur und Tierwelt (Jungtiere, erkennbare Früchte an den Bäumen, Sommerblumen).

Zweiter Teil: Arbeit der Menschen in der Natur (auf reifenden Feldern, Gießen und Hacken im Garten usw.).

Dritter Teil: Spiel der Kinder (Badefreuden, Spiel mit Sand, Zelten).

Die Darstellungen sollen es den Kindern erleichtern, die Veränderungen in der Natur an der Tätigkeit der Menschen usw. zu erkennen. Aus diesem Grunde sollte sich die Darstellung in ihrer Grundkonzeption wiederholen, und die jeweiligen, der Jahreszeit entsprechenden Veränderungen sollten gut sichtbar sein.

Zu jedem der drei Felder einer Leitkarte gehören 6 Lottokarten mit Einzeldarstellungen, zum Beispiel „Feld“, Arbeit in der Natur im Frühling: Pflanzholz, Samentüte, Spaten, Traktor, Egge, Rechen. Insgesamt gehören zu den 4 Leitkarten also 72 Lottokärtchen.
Zur Kontrolle beim selbständigen Spiel ist es günstig, den Untergrund der Deckkarten der drei Bereiche in jeweils einer anderen Farbe zu gestalten. Das Spiel kann gezeichnet oder in Schneidetechnik hergestellt werden. Für die Leitkarten lassen sich auch gute Buntfotos verwenden, so daß nur die Deckkärtchen gezeichnet oder ausgeschnitten werden müssen. Stellt man die Leitkarten groß her, sind sie als Anschauungsmaterial verwendbar.

Spielverlauf: Das Spiel ist vielseitig verwendbar. Die Erzieherin kann die Kenntnisse von jeder Jahreszeit einzeln erarbeiten und mit Hilfe des Spiels vertiefen. Sie kann aber auch nur einen Bereich behandeln. Dazu faltet sie die Karte entsprechend und verteilt nur die für den betreffenden Bereich nötigen Lottokarten. In gleicher Weise kann sie auch zwei Bereiche einer oder mehrerer Jahreszeiten erarbeiten; die nicht benötigten Deckkärtchen werden aussortiert, die nicht verwendeten Leitkartenteile gefaltet.
Wird das gesamte Spiel verwendet, empfiehlt es sich, je drei Kindern eine Leitkarte zu geben und zu bestimmen, wer zu den einzelnen Feldern (Bereichen) sammeln soll.
Varianten: a) Das Spiel kann wie „Lotto“ gespielt werden. Die Erzieherin hebt die Deckkarten hoch, die Kinder nennen das darauf befindliche Motiv und ordnen die Karte ihrem Bild zu.
b) Die Erzieherin kann bestimmte Fragen stellen, bevor sie die Deckkarte zeigt und übergibt, zum Beispiel: „Welche Blumen blühen im Frühling?“ Versäumt ein Kind zu antworten, obwohl es die Leitkarte „Frühling“ besitzt, wird das Deckkärtchen zurückgelegt.

c) Alle Leitkarten werden in die Tischmitte gelegt oder aufgestellt. Die Deckkarten werden an die Kinder verteilt. Jedes versucht (reihum), diese der entsprechenden Jahreszeit und dem richtigen Bereich zuzuordnen. Die Gruppe korrigiert jedes spielende Kind und ruft „Zurück!", wenn es einen Fehler begangen hat. Der Fehler darf erst bei der nächsten Spielrunde korrigiert werden. Wer alle Deckkarten zuerst richtig angelegt hat, ist Sieger.

Jahreszeit erraten

Aufgabe: Die Kinder lernen, bestimmte Erscheinungen in der Natur und die Arbeit der Menschen in eine Jahreszeit einzuordnen.
Spielverlauf: Die Erzieherin stellt den Kindern verschiedene Fragen, zum Beispiel: „Wann sind die Kirschen reif?" („Wann hängen Eiszapfen an den Dächern? Wann färben sich die Blätter rot? Wann fegt man Schnee? Wann ernten die Bauern die Rüben?" usw.)
Wer eine Frage richtig und schnell beantwortet, erhält eine Spielmarke. Wer die meisten Spielmarken besitzt, hat gewonnen.
Nachdem die Erzieherin das Spiel eingeführt hat, können die Kinder, die schon viele Antworten gegeben haben, Spielführer werden.
Varianten: a) Das Spiel wird mit einem Ball im Kreis gespielt. Das Kind, das die Frage beantwortet, erhält den Ball. Oder: 4 Kinder beziehungsweise Kindergruppen vertreten die einzelnen Jahreszeiten. Als Antwort wird der Ball der entsprechenden Gruppe zugeworfen.
b) Die Erzieherin fragt nicht direkt, sondern umschreibt die Erscheinungen der Natur, zum Beispiel: „Die Sonne scheint, es taut der Schnee, kleine Rinnsale fließen über die Straßen." – „Die Eberesche errötet, und mit goldenen Blättern bedeckt sich die Birke."
c) Gedichte und Reime, aus denen sich die Jahreszeit erraten läßt, können verwendet werden.

Entwicklung der Sprache

Alle didaktischen Spiele, unter welchem Gesichtspunkt sie auch in dieser Sammlung eingegliedert sein mögen, tragen zur Entwicklung von Sprechen und Denken unserer Vorschulkinder bei. Durch die Spielregeln und den Inhalt der Spiele nehmen die Kinder neue Wörter auf. Vorstellungen von bestimmten Dingen und Erscheinungen, von Zusammenhängen erweitern und festigen sich, so daß der Bedeutungsinhalt ihrer Begriffe klarer wird. In den didaktischen Spielen verkehren die Kinder oder Kinder und Erzieher sprachlich miteinander. Ohne diesen sprachlichen Austausch kann gar kein didaktisches Spiel zustande kommen, denn selbst bei Einzelspielen mit Material gehen dem Spiel Erklärungen, Erläuterungen durch die Erwachsenen beziehungsweise Fragen der Kinder voraus. Bei didaktischen Spielen für eine Spielgruppe, also bei den meisten, müssen die Kinder Bitten und Wünsche vortragen, Verse sprechen, auf Fragen antworten, Aufträge überbringen und ausführen, kleine Erzählungen anhören und ergänzen, Rätsel aufgeben oder erraten und vieles mehr. Sie haben hier eine vielfältige sprachliche Praxis, die sicher nicht ohne Auswirkung auf die Redefähigkeit und Gewandtheit eines jeden Kindes ist. Aber von der Spielaufgabe her gesehen, ist die sprachliche Weiterentwicklung der Kinder ein Nebenprodukt. Die Erzieherin verfolgt mit ihnen andere Ziele und Zwecke, wie man es aus den Aufgabenstellungen ersehen kann.

In den Sprachspielen aber ist das Hauptaugenmerk der Erzieherin auf das Lösen von sprachlichen Aufgaben gerichtet. Bei der Entwicklung der Muttersprache unserer Vorschulkinder hat der Kindergarten beziehungsweise die Vorschule oder das Elternhaus vielfältige Aufgaben zu erfüllen. Die Erzieherin muß dabei verschiedene Mittel einsetzen und die unterschiedlichsten Methoden anwenden. Das didaktische Sprachspiel ist eines unter vielen. Seine Möglichkeiten sind begrenzt. Wer das didaktische Spiel mit hoher Effektivität einsetzen will, muß diese Möglichkeiten und Grenzen erkannt haben.

Für alles, was immer und immer wieder geübt werden muß, den Kindern aber nicht langweilig und überdrüssig werden soll, ist das didaktische Spiel besonders geeignet. Deshalb stehen *Sprechspiele*, man sieht es an ihrer Vielzahl, an erster Stelle. Phonetische Schwierigkeiten, die besonders die Kinder der jüngeren und mittleren Gruppe beim Aussprechen bestimmter Vokale und Konsonanten haben, lassen sich nicht durch gelegentliche oder

gar einmalige Übung beseitigen. Man muß die Doppelkonsonanten „pf", „kn", „str" zum Beispiel sehr oft richtig bilden lassen, damit die noch ungeübten Sprechwerkzeuge trainiert werden und die richtige Lautbildung angewöhnt wird. Gibt man dieser Übung durch die Verbindung mit einem interessanten Inhalt oder mit Spaß und Humor eine anziehende Form, so ermüden die Kinder weniger schnell, sie sind den Übungen gegenüber aufgeschlossener und selbst aktiver. Und weil bei Freude und Lachen weniger Angst vor dem Nochnichtkönnen und weniger negative Hemmungen auftreten, ist die Sprechübung in Form eines Spiels besonders erfolgreich. Auch bei der Aneignung einiger grammatischer Eigenheiten unserer Sprache haben die Kinder Schwierigkeiten, die nur durch Übungen, in denen sich ihr Sprachempfinden entwickelt und ihre grammatischen Erfahrungen erweitert werden, beseitigt werden können. Die Übung muß ihnen zum Beispiel die Erfahrung vermitteln, daß es in unserer Muttersprache ganz verschiedene Arten von Mehrzahlbildung bei Substantiven gibt, daß sie einmal so, ein anderes Mal anders sagen müssen. In speziell dafür entwickelten didaktischen Spielen wird den Kindern die grammatische Erfahrung komprimiert vermittelt, sie prägt sich stärker ein, und das Richtige wird schneller angewöhnt.
Gute Möglichkeiten bieten didaktische Sprachspiele auch für die Begriffsbildung. Hier sind es meist Zuordnungsspiele, durch die die Kinder lernen, Einzelbegriffe einem Oberbegriff unter- oder einzuordnen, oder in denen Sammelnamen aus ihrer Umgangssprache präzisiert werden. Diese Spiele sind nur sinnvoll, wenn ihnen der Wissenserwerb im Leben vorangegangen ist. Sie systematisieren dann die von den Kindern früher gemachten Erfahrungen und heben sie auf eine bewußtere Stufe. Gleichzeitig wird in solchen Spielen der Wortschatz der Kinder aktiviert, anwendungsbereit gemacht und durch immer wiederkehrendes spielendes Üben anwendungsbereit gehalten.
In allen didaktischen Spielen wird die situative Rede, also die Rede aus der Situation heraus, gebraucht. Sie gehört und paßt zum Charakter didaktischer Spiele, die den Kindern Freude bereiten sollen. Deshalb kann das didaktische Spiel kaum Aufgaben zur Entwicklung der kontexten Rede, die einen bestimmten Zusammenhang ausführt und eng daran gebunden ist, lösen helfen. Hier hat es seine Grenze. Es bereitet aber die kontexte Rede bei älteren Kindern vor, indem die Kinder Redegewandtheit, das schnelle und geschickte Wiedergeben ihrer Gedanken in einfachen erweiterten Sätzen geübt haben.
Vergleicht man die Sprachspiele mit anderen in diesem Buch aufgenommenen didaktischen Spielen, so wird ihr strenger Charakter, der sie schon zur didaktischen Übung tendieren läßt, auffallen. Dieser strenge Charak-

ter ist durch die Aufgabe bedingt. Sprachliche Regeln und Eigenheiten dürfen nur exakt geübt werden, wenn sie Wert haben sollen. Saubere Lautbildung ist nicht denkbar ohne die Forderung nach Exaktheit. Trotzdem sind Elemente des Spiels vorhanden. Sie müssen durch die Geschicklichkeit der Erzieherin, solch ein Spiel einzuführen, die Kinder daran zu interessieren und es durchzuführen, verstärkt werden. Vielleicht finden einige Erzieherinnen mit Hilfe ihrer Phantasie oder ihrer Kindergruppe noch interessantere, lustigere Variationen.

Lautreines Sprechen

Wir wollen einkaufen gehen

Aufgabe: Wörter mit Konsonanten beziehungsweise Konsonantenhäufung oder mit Vokalen, deren Bildung den Kindern Schwierigkeiten bereitet, werden richtig und deutlich gesprochen (z. B. *Sch*uh, Ta*sch*entuch, *Kr*eisel, *Kr*an, Puppe Ka*thr*inchen).
Material: Bildkarten mit Gegenständen, deren Bezeichnung die der Aufgabe entsprechenden Übungen enthalten (Konsonanten, Konsonantenhäufung usw.). Eventuell können auch statt der Bildkarten kleine Gegenstände wie Spieldinge genommen werden.
Spielverlauf: Bildkarten werden an die Kinder, die im Kreise sitzen, verteilt und umgehängt. Ein Kind hat kein Kärtchen. Alle Kinder sagen: „Was willst du einkaufen?" Das Kind, das kein Kärtchen hat, sagt: „Ich möchte Schuhe kaufen", und geht zu dem Kind mit den Schuhen auf der Bildkarte. Das Kind, das angesprochen wurde, erwidert: „Ich verkaufe dir meine Schuhe." Beide Kinder tauschen Bildkarte und Platz.
Alle Kinder fragen das Kind, das keine Bildkarte hat: „Was willst du einkaufen?" Es antwortet: „Ich will . . . einkaufen", und geht zu dem Kind, das den gewünschten Gegenstand auf der Spielkarte hat. Dieses Kind sagt: „Ich verkaufe dir mein . . .", und sie tauschen Bildkarte und Platz.
Varianten: a) Veränderung der Bildungsaufgabe durch Variieren der auf den Karten dargestellten Dinge – nicht nur anderer Konsonanten beziehungsweise Vokale, sondern auch durch gleiche Gegenstände in verschiedener Farbe, Größe und Anzahl.
b) Veränderung des Spielverlaufs: Das zum Verkaufen angesprochene Kind kann entscheiden zwischen „Ich verkaufe mein . . ." und „Ich verkaufe kein . . ." Bei Verneinung muß das Kind so lange weiterspielen, bis es etwas kaufen kann, also als Käufer abgelöst wird.

Wir packen ein Paket

Aufgabe: Die Kinder sprechen deutlich: „Ich pa*ck*e in das Pa*k*et ...“, und üben dabei besonders das richtige Aussprechen der Konsonanten (Konsonantenhäufung) „p“ und „k“.
Material: Bummi, Kasper (o. a. Handpuppe), Spielgegenstände beziehungsweise Bildkarten, die an die Kinder verteilt und dann in das Paket gepackt werden.
Spielverlauf: Kasper, Bummi oder eine andere bei den Kindern beliebte Figur kommt mit einem Paket, das für Gretel, Seppel, Püppchen Ruth oder ein Kind aus der Gruppe gepackt werden soll. Jedes Kind kann dabei helfen.
Alle einzupackenden Gegenstände (auch Bildkärtchen) werden unter die Kinder verteilt. Kasper oder Bummi fordert dann die Kinder der Reihe nach mit der Frage „Was packst du in das Paket?“ auf, den Gegenstand in das Paket zu packen und dazu zu sagen: „Ich packe ... in das Paket.“
Das Kind, das gefragt wird: „Was packst du in das Paket?“, antwortet mit „Ich packe ... in das Paket“, und gibt seinen Gegenstand in den Karton. Der Kasper gibt denen, die deutlich gesprochen haben, die Hand und lobt sie.
Varianten: a) Es können gleiche Gegenstände von verschiedener Farbe, Größe oder Anzahl an die Kinder verteilt werden.
b) Die Spielgegenstände können auf einem Tisch aufgebaut stehen und von dort aus von den jeweils aufgeforderten Kindern ausgewählt, bezeichnet und eingepackt werden.

*Immer mit „b“**

Aufgabe: Die Kinder üben das stimmhafte „b“. Sie lernen, auf Fragen genau zu hören und zu antworten.
Spielverlauf: Die Erzieherin kündigt an und erzählt: „Ihr sollt mir jetzt immer eine ganz kurze Antwort auf meine Fragen geben.

Dabei beginnt jedes Wörtchen mit ‚b‘.	(üben)
Bernd ging mit der Badehose zum Bach.	
Was will er tun?	baden
In dem Hof war ein Hund.	
Was hörten wir?	bellen
Wir gingen nicht nahe an ihn heran.	
Was hätte er tun können?	beißen
Der Vater will Holz hacken.	
Was braucht er?	ein Beil

Horst soll Kuchen holen.
Wo holt er ihn?" beim Bäcker
Es gibt viele Wörter mit „b", nach denen man so fragen kann.
Variante: Die Anforderung an die Kinder wird gesteigert, wenn die Erzieherin das Gesellschaftsspiel „Nenne ein Wort mit ‚b' " anschließt. Dabei kann eine Flasche gedreht, den Kindern ein Tuch oder ein Ball zugeworfen werden.

Pakete

Aufgabe: Die Kinder üben das stimmlose „p". Sie lernen, bekannte Gegenstände zu beschreiben, Rätsel aufzugeben und zu lösen.
Spielverlauf: Fünf Kinder sind Postboten. Sie kommen mit je einem Paket herein und rufen: „Pi, pa, Pakete!" Jedes Kind hat sich vorher überlegt, was in seinem Paket enthalten sein soll. Die übrigen Kinder fragen: „Was hast du denn in deinem Paket?" Das erste beginnt zu antworten: „In meinem Paket ist etwas Gelbes, es ist sauer, es ist so groß." (Die Form wird mit den Händen angedeutet.)
Die Lösung soll zum Beispiel lauten: „Eine Zitrone."
Für die richtige Lösung wird ein kleiner Preis gegeben.

*Puh**

Aufgabe: Die Kinder üben das Auseinanderplatzen der Lippen bei „p". Sie finden Wörter, die mit „Pu" anfangen.
Spielverlauf: Die Erzieherin zeigt den Kindern, wie bei „p" die Lippen auseinanderplatzen müssen. Die Kinder üben das Pusten durch Auseinanderplatzen der Lippen:
a) Kerze auspusten,
b) Windrädchen bewegen,
c) Wattebausch wegpusten,
d) gefaltete Karte usw. wegpusten.
Die Übung wird wiederholt und dazu jeweils „puh" gesprochen. Anschließend können folgende Bilder gezeigt werden: Pudel, Puppe, Puppenwagen, Puppenstube, Pusteblume. Die Namen zu den Bildern werden zuerst langsam, in jedem Falle einzeln gesprochen. Danach werden die Bilder nur kurz gezeigt, und es wird schnell geantwortet. Beim dritten Versuch wird den Kindern gesagt: „Wir sind jetzt schlau, atmen vorher ein, halten unsere Lippen schon so, daß sie gleich auseinanderplatzen können, denn alles fängt mit ‚Pu' an."

*Lala!**

Aufgabe: Die Kinder üben, den L-Laut, mit der Zungenspitze an die oberen Schneidezähne gelegt, zu sprechen.
Spielverlauf: Mit leiser oder lauter gesprochenem „Lala“ soll die Annäherung an einen versteckten Gegenstand verraten werden, wie in dem bekannten Spiel, in dem dazu „heiß“ oder „kalt“ gesagt wird.

Tret' ich?

Aufgabe: Die Kinder üben die für sie schwierige Konsonantenverbindung „tr“.
Spielverlauf: Im Zimmer werden mit etwa einem Meter Zwischenraum zwei Striche gezogen oder Stricke gelegt. Am Ende der drei Meter langen Gasse steht ein Kind mit verbundenen Augen, das die Gasse rückwärts (besonders ungeschickte Kinder gehen vorwärts) durchschreiten soll. Dabei fragt es wie bei dem bekannten Hüpfspiel der größeren Kinder nach jedem Schritt: „Tret' ich?“ Alle Kinder antworten darauf.

Schwer oder leicht?

Aufgabe: Die Kinder üben das Aussprechen des „Sch“ und „Schw“.
Spielverlauf: Form als Laufspiel im Freien. Hinter einer Grundlinie stehen die Kinder in Flankenreihe. Die Erzieherin steht in angemessener Entfernung. Neben ihr sind zwei Plätze als leicht und schwer bezeichnet, an denen sich die Kinder aufzustellen haben. Beispiel:
1. Zuruf: Brötchen,
2. Antwort: leicht,
3. Lauf und Aufstellung.
Beim Laufen tut das Kind so, als ob es den bezeichneten Gegenstand wirklich zu tragen hätte, und spricht sein Wort immer wieder, bis es seinen Platz erreicht hat. Die Kinder mit schweren Gegenständen müssen natürlich auch entsprechend langsam gehen und haben daher Gelegenheit, ihr Wort oft zu üben.
Die Erzieherin ruft zu: „Ich trage ein Brötchen (einen Sack Kartoffeln, eine Katze, einen Hut, eine Eisenstange, einen großen Jungen, einen Radioapparat, einen Fußball, einen Bleistift, einen Kinderwagen, einen Baumstamm, einen kleinen Ofen, eine Milchflasche, eine Tafel Schokolade, einen Eimer Sand, eine Nadel, einen Schrank, eine Maus usw.)!“

*Mit „sch" fängt's an, wie geht es weiter?**

Aufgabe: Die Kinder üben die Mitlautverbindungen „schl, schm, schn, sp, st, schw, str". Sie werden damit angeregt, auf die verschiedenen Laute eines Wortes zu hören.
Spielverlauf: Die Erzieherin sagt zu den Kindern: „Ihr sollt jetzt raten, was ich sagen will. Ich verrate nur, wie es anfängt, so: Sch –. Sprecht alle mit! Nun sagt ihr so lange euer Sch, bis ich euch ein Bild zeige, und dann sprecht ihr das Wort weiter." (Einzeln nach Meldung, mit gemeinsamer Wiederholung.)
Folgende Bilder können zum Beispiel gezeigt werden: Schlange, Schleife, Schloß, Schlüssel, Schmutz (Hinweis), Schnecke, Schneemann, Spaten, Sperling, Spiegel, Spur (Hinweis), Schrank, Schrippe, Stamm, Star, Stein, Stern, Stiefel, Storch, Stuhl, Schwan, Schwanz, Schwein, Strauch.
Im Anschluß an diese Übungen können einzelne Dinge gemalt werden.

Klotz, Strick, Brief

Aufgabe: Die Kinder üben verschiedene schwierige Mitlautverbindungen. Schnelle Reaktionsfähigkeit entwickelt sich.
Material: Für jeden Mitspieler muß vorhanden sein: 1. ein Bauklotz (kurz Klotz genannt), 2. ein Stück Strick, 3. ein Bleistift, 4. ein Briefumschlag, 5. ein Spiegel.
Spielverlauf: Jedes Kind bekommt die fünf verschiedenen Gegenstände auf den Tisch und legt sie griffbereit hin. Ein dazu bestimmtes Kind nennt einen der Gegenstände, und die Kinder müssen ihn schnell hochheben. Wer etwas Falsches oder gar nichts hochhebt, muß den genannten Gegenstand abgeben. Zur Erschwernis kann bestimmt werden: Augen zu! Das Spiel endet, wenn alle Kinder einmal Zurufer waren. Wer dann noch die meisten Gegenstände hat, ist Gewinner.

Wieviel Teile hat mein Name?

Aufgabe: Die Kinder erwerben erste Voraussetzungen für die Wortanalyse des Lese- und Schreibunterrichts. Sie erfahren, daß die meisten Namen (auch andere Wörter) aus mehreren Teilen (Silben) bestehen. Gleichzeitig dient das Spiel der Sinnesschulung und der Verbesserung des lautreinen Sprechens.
Spielverlauf: Die Erzieherin kündigt an, daß sie ein Kind rufen wird, ohne seinen Namen zu nennen. Sie singt zunächst die zweisilbige Rufterz (so mi) mit „na na". Die Kinder erraten, wen sie gemeint haben könnte:

Hel-ga, Dag-mar, Mar-tha? Die Erzieherin kann nun auch dreisilbige Namen (Bar-ba-ra, Mi-cha-el, El-frie-de) mit „na na na" rufen (so so mi beziehungsweise do so mi). Ist die richtige Lösung gefunden, singen die Kinder einmal den Namen, anschließend die Silben „na na" mit und überprüfen die Lösung durch begleitendes Klatschen.
Danach stellen sich die Kinder in einer Reihe auf. Die Erzieherin nennt ein-, zwei- oder dreisilbige Namen, die Kinder gehen jeweils 1, 2 oder 3 Schritte nach vorn. Später kann auch ein Kind die Namen angeben.
Zum Abschluß fordert die Erzieherin die Kinder auf, ihre eigenen Namen zu untersuchen und festzustellen, aus wieviel Teilen sie bestehen. Sie läßt diejenigen, deren Namen zwei Teile haben, an die rechte Wand, die, deren Namen drei Teile haben, an die linke Wand treten.
Zusätzlich können auch andere Wörter in Teile zerlegt werden. Die Erzieherin kann dazu Lotto- oder Quartettkarten, auch Spiel- und andere Gegenstände zeigen.

Festigung des Wortschatzes, Begriffsbildung

Einzahl — Mehrzahl

Aufgabe: Die Kinder sollen bekannte Gegenstände auf Bildern schnell wiedererkennen und sie in der Einzahl und Mehrzahl richtig benennen.
Material: selbsthergestellte Kartenpaare oder Karten aus dem Spiel „Zähle und sprich".
Spielverlauf: 1. Die Erzieherin sitzt vor der Kindergruppe. Sie hebt nacheinander Karten mit Abbildungen bekannter Gegenstände hoch und läßt die Jungen und Mädchen sagen, was sie auf den Karten sehen und wieviel Gegenstände es sind. Die Kinder antworten zum Beispiel: „Ich sehe auf dem Bild einen Apfel." „Auf diesem Bild sind zwei Äpfel."
2. Sind alle Bilder auf diese Art den Kindern einmal gezeigt worden, werden zwei Gruppen gebildet, die sich in zwei Reihen gegenübersitzen. Die Kinder der Reihe I erhalten Karten mit Gegenständen in der Einzahl, die der Reihe II mit jenen in der Mehrzahl. Die Kinder der Gruppe I erfragen (ähnlich wie beim Quartett) von den Kindern der Gruppe II die passende Mehrzahlkarte.
3. Danach können die Gruppen vertauscht werden. Die Karten werden neu verteilt. Wer zuerst zu seinen Karten die passenden Mehrzahlkarten hat, hat gewonnen.
Variante: Die Erzieherin wirft einem Kind ein geknotetes Tuch zu und sagt zum Beispiel: „Ein Vater." Das Kind erwidert: „Zwei Väter."

*Rate, was fehlt!**

Aufgabe: Die Kinder üben die verschiedenen Arten der Mehrzahlbildung. Ihre Beobachtungsfähigkeit wird entwickelt. Sie vervollkommnen die Fähigkeit, ihre Gedanken in vollständigen Sätzen zu äußern.
Material: ein Auto ohne Rad oder Räder, ein Pferd ohne Bein, ein Puppenmantel oder -kleid ohne Knöpfe, Puppenschuhe ohne Schnürsenkel, eine Puppe ohne Haarschleifen, ein Häuschen ohne Dach oder Schornstein, ein Beistift ohne Spitze, eine Puppenpuderdose ohne Puder, ein Puppenbett ohne Kissen usw.
Für den zweiten Teil werden Bausteine und Tischspielzeug gebraucht, mit denen sich Themen darstellen lassen.
Spielverlauf: Die Erzieherin hat verschiedenes Tischspielzeug zurechtgelegt, das nicht ganz in Ordnung ist. Jedes Kind erhält einen Gegenstand und soll erraten, was daran fehlt. Die Jungen und Mädel werden der Reihe nach befragt. Sie antworten zum Beispiel: „An diesem Auto fehlt ein *Rad*. Es müssen vier *Räder* sein“, oder: „Die Puppe Gisela hat nur einen *Strumpf*. Sie braucht aber zwei *Strümpfe* (ein Paar Strümpfe).“
Im zweiten Teil des Spiels werden die Anforderungen an die Kinder gesteigert. Die Erzieherin baut zum Beispiel eine Garage auf. Es fehlen . . .? Die Kinder holen die Bausteine. Die Erzieherin hat nur ein Auto. Die Kinder stellen fest, daß Autos fehlen, und schaffen sie herbei.
Oder: Eine Weide wird aufgebaut. Es fehlen . . . (Bäume, Sträucher, Zäune). Die Erzieherin führt eine Kuh auf die Weide. Es fehlen . . . (Kühe, Schafe, Pferde).
Variante: „Rate, was fehlt“ läßt sich auch von Erzieherinnen, die im Zeichnen geschickt sind, als Zeichenspiel an der Wandtafel durchführen, zum Beispiel wird Max ohne Ohren, Moritz ohne Haare, ein Baum ohne Blätter, ein Hund ohne Schwanz usw. gezeichnet. Die Kinder ergänzen das Fehlende selbst.

*Welche Dinge gehören zusammen?**

Das Spiel wird auf S. 83 beschrieben. Während es dort unter dem sachlichen Gesichtspunkt der Kenntnisvertiefung erscheint, rückt hier die sprachliche Aufgabe der Wortschatzerweiterung und Begriffsbildung in den Vordergrund.

Wir kaufen im Warenhaus ein

Aufgabe: Die Kinder müssen ihre Einkaufswünsche deutlich formulieren, die verschiedenen Formen der Mehrzahlbildung mit Verben in der Zukunft und Vergangenheit richtig gebrauchen. Sie üben, bekannte Gebrauchsgegenstände Oberbegriffen zuzuordnen, und sprechen in einfachen erweiterten Sätzen.
Material: zwei Serien kleines Tischspielzeug (Puppen, Autos, Pferde usw.), verschiedene Puppenbekleidung, ebenfalls in doppelter oder mehrfacher Ausführung, Puppengeschirr und andere kleine Glassachen, Puppenmöbel für Küche, Wohnzimmer, Schlafzimmer.
Spielverlauf: Die Erzieherin baut vor Spielbeginn mit einigen Kindern der Gruppe ein Puppenkaufhaus auf. Auf dem ersten Tisch entsteht die Spielzeugabteilung, auf dem zweiten die Konfektions- oder Bekleidungsabteilung, auf dem dritten die Glaswaren- und auf dem vierten Tisch die Möbelabteilung. Sie übernimmt anfangs die Kasse selbst.
Nacheinander kommen die Jungen und Mädchen einkaufen. Sie müssen an der Kasse sagen, in welche Abteilung sie gehen wollen und was sie dort zu kaufen wünschen. Die Erzieherin, die als Kassiererin mitspielt, macht sie darauf aufmerksam, daß sie sich gut überlegen sollen, *wieviel* Tassen, Kleider oder Möbelstücke sie kaufen wollen. In den Abteilungen wählen die Kinder selbständig aus. An die Kasse zurückgekehrt, sagen sie zur Abrechnung an, *was* und *wieviel* sie von jeder Sache gekauft haben, zum Beispiel: „Ich war in der Geschirrabteilung. Ich habe eine Blumenvase, einen Eimer, zwei Tassen und zwei Teller gekauft. In der Möbelabteilung habe ich zwei Hocker, einen Tisch und zwei Nachtschränke gekauft."
Auch andere Themen lassen sich in dieser Form spielen, je nachdem, in welcher Richtung der Wortschatz der Kinder erweitert und Begriffe präzisiert werden sollen, zum Beispiel: Lebensmittelabteilung, Werkzeugabteilung, Elektrowaren usw.

Dreh um!

Aufgabe: Die Kinder ordnen bildliche Darstellung gesprochenen Wörtern zu.
Material: 24 Karten mit Bildern aus der Umwelt, doppelseitig bebildert.
Spielverlauf: Die Karten werden gleichmäßig unter die Kinder verteilt. Die Spielleiterin erzählt nun eine Geschichte, in der alle die Wörter vorkommen, die auf den aufgelegten Karten dargestellt sind. Hört das Kind eines der Wörter, dessen Bild es vor sich liegen hat, so wendet es die betreffende Karte um, und ein neues Bild erscheint auf der Rückseite, das

nun auch wieder in die Geschichte eingeflochten werden muß. Das Kind, das nicht aufgepaßt hat, muß seine Karte in die Mitte legen.
Wenn das Spiel häufiger gespielt wird, kann auch ein Kind die Spielführung übernehmen.
Die Aufgabe kann erschwert werden, wenn Bilddarstellungen verwendet werden, die eine Handlung kennzeichnen. Dazu lassen sich auch Quartettkarten verwenden.

*Suche den Reim!**

Aufgabe: Die Kinder finden ähnlich klingende Worte und ordnen sie einander zu.
Material: 12 Kartenpaare mit Darstellungen, deren Bezeichnung zwei Wörter ergeben, die sich in den Endsilben reimen, zum Beispiel:

Flasche – Tasche
Hammer – Klammer
Bett – Brett
Vase – Hase
Kanne – Tanne
Fisch – Tisch
Kegel – Segel
Maus – Haus

Spielverlauf: Das Spiel verläuft wie beim „Schwarzen Peter“, nur werden hier nicht zwei gleiche Karten abgelegt, sondern zwei Karten, deren dargestellte Wörter sich reimen. Wer die meisten Reime gefunden hat, ist Gewinner. Das Spiel kann auch ohne Karten gespielt werden.

Sage mir, was die Dinge tun!

Aufgabe: Die Kinder finden typische Tätigkeitsformen und ordnen die Verben dem passenden Substantiv zu.
Material: eine Anzahl von je 4 Spielkarten mit verschiedenen Darstellungen, denen aber die gleiche Aussage zugeordnet werden kann. Beispiele:

Mond, Lampe, Kerze, Stern	= leuchten
Zug, Auto, Schiff, Rad	= fahren
Luftballon, Drachen, Vogel, Schmetterling	= fliegen, steigen

Spielverlauf: Die Kinder erhalten die Karten von der Erzieherin, wenn sie die Fragen „Was ist das?“, „Was tut es?“ richtig beantwortet haben. Wer vier Karten einer Gruppe zusammen hat, legt sie als Quartett ab. Wer am Spielende die meisten Quartette hat, darf im neuen Spiel Spielführer sein. Mit denselben Bildkarten kann auch die Mehrzahlbildung geübt werden (Züge, Autos, Schiffe fahren usw.).

Sage mir, wie die Dinge sind!

Aufgabe: Die Kinder üben, passende Adjektive den Substantiven zuzuordnen.

Material: 24 Spielkarten, bei deren einzelnen Darstellungen eine Aussage nach Wesen und Gestalt von Gegenständen gemacht werden soll, zum Beispiel: eine Bürste = sie ist stachlig. Zu jeder Darstellung eine Fragekarte, die die Erzieherin vorliest, zum Beispiel: „Wer ist stachlig?"

Vorschläge für Bildgruppen:

Bürste, Igel, Kastanie	(stachlig)
Leim, Marmelade, Honig	(klebrig)
Kasper, Clown	(lustig)
Faden, Nadel, Suppenkasper	(dünn)
Ball, Apfel	(rund)

Spielverlauf: Die Bildkarten werden an die Kinder verteilt. Die Erzieherin zieht eine Fragekarte, liest vor und wartet, bis das Kind antwortet, welches das passende Bild hat. Die Fragekarten können variiert werden, so daß zu einem Bild mehrere Aussagen gemacht werden können, zum Beispiel: „Die Nadel ist dünn, spitz" usw. Man kann auch beide Spiele zu einem vereinen und die Fragekarten entsprechend abstimmen. Gewonnen hat das Kind, das zuerst alle Bildkarten ablegen konnte.

Variante: Alle Bildkarten auf dem Tisch auslegen; die Kinder suchen gemeinsam die zur Frage gehörige Karte aus. Wer sie gefunden hat, sagt laut die Antwort und darf sie behalten. Gewonnen hat das Kind, das die meisten Karten hat.

Wir lernen Gegensätze kennen

Aufgabe: Die Kinder erkennen gegensätzliche Eigenschaften an den Dingen und üben die entsprechenden Adjektivpaare.

Material: 24 Spielkarten mit einfachen Abbildungen von Gegenständen aus der Umwelt des Kindes, die eine Eigenschaft und deren Gegensatz aussagen, zum Beispiel: eine Peitsche mit langer Schnur, eine Peitsche mit kurzer Schnur, ein runder Handspiegel, ein viereckiger Handspiegel. Die Spielkarten sollen folgende Eigenschaftsbegriffe darstellen:

lang – kurz	dick – dünn	spitz – stumpf
breit – schmal	vorn – hinten	leicht – schwer
hoch – niedrig	oben – unten	vorwärts – rückwärts
groß – klein	voll – leer	

Spielverlauf: Die Karten werden gemischt und gleichmäßig verteilt. Es wird wie „Schwarzer Peter“ gespielt (gegenseitiges Ziehen oder Abfragen der Karten). Hat ein Kind zwei ähnliche Karten beziehungsweise die beiden Darstellungen von gegensätzlichen Begriffen, legt es diese als Paar vor sich auf den Tisch, um sie aufmerksam zu betrachten und zu vergleichen. Die Erzieherin fordert es auf, das Erkannte sprachlich zu gestalten, und korrigiert Fehler. Wer die meisten Kartenpaare am Ende des Spiels hat, ist Gewinner.

Erzähle!

Aufgabe: Die Kinder üben sich, zusammenhängend zu sprechen.
Material: Es werden mehrere Bilderserien zu je einem Thema gebraucht.
Beispiel: Thema „Brief“.
Bild 1: Ein Junge schreibt einen Brief.
Bild 2: Der Junge steckt den Brief in den Briefkasten.
Bild 3: Der Brief wird im Postsack zum Zug gebracht.
Bild 4: Der Briefträger bringt den Brief in die Wohnung.
Bild 5: Mutter liest den Brief.
Die Themen sollten Geschehnisse aus der engeren Umwelt des Kindes zum Inhalt haben („Milch“ – „Einkaufen“ – „Schule“). Zum Spiel gehört eine Strafkarte (ähnlich dem „Schwarzen Peter“).
Spielverlauf: Die Karten werden gemischt und ausgeteilt. Jedes Kind versucht beim Reihumfragen oder Ziehen, eine Bilderserie zusammenzubekommen. Die „Strafkarte“ versucht es loszuwerden, da ihm sonst eine Serienkarte fehlen könnte.
Hat jedes Kind eine Serie zusammen, legt es diese in richtiger Reihenfolge auf dem Tisch aus und erzählt nach Aufforderung der Erzieherin eine Geschichte zu seinem Thema.

Wer ist weiter?

Aufgabe: Die Kinder müssen fortlaufende Handlungen logisch ordnen und genau beschreiben.
Material: 8 bis 10 Leitkarten, auf denen je eine typische Szene eines Mär-

chens (auch Liedes oder Reimes) dargestellt ist. Zu jeder Leitkarte 6 bis 8 kleine Karten, auf denen die einzelnen Handlungen oder Ereignisse des Märchens dargestellt sind.

Spielverlauf: Voraussetzung für ein erfolgreiches Spiel ist, daß den Kindern die vorkommenden Märchen gut bekannt sind und sie die Reihenfolge im Ablauf der Ereignisse kennen.

Jedes Kind wählt oder erhält eine Leitkarte. Der Spielleiter mischt die Deckkarten, legt sie verdeckt auf den Tisch, hebt eine davon hoch. Das Kind, zu dessen Märchen die Karte gehört, meldet sich und bestimmt die Reihenfolge der dargestellten Handlung, zum Beispiel: „Diese Karte gehört zu ‚Rotkäppchen'! Es pflückt gerade Blumen für die Großmutter." Die Erzieherin stellt Zusatzfragen nach dem vorangegangenen Ereignis (Wolf sprach mit Rotkäppchen) oder dem folgenden, je nachdem, welche Karte das Kind bereits besitzt. Die Kinder können sich aber auch gegenseitig kontrollieren, ob jedes erhaltene Deckkärtchen an die richtige Stelle (Reihenfolge von rechts nach links) gelegt worden ist. Die Kinder verfolgen, wer weiter ist, das heißt, welches Kind die Reihenfolge der Darstellung am vollständigsten hat. Wer zuerst alle sechs Kärtchen beisammen hat, ist Sieger.

Varianten: a) Von den Kindern erhält jedes einige nicht zusammengehörige Deckkarten; die Erzieherin wählt eine Leitkarte und erzählt in Kurzform das Märchen (nur Beschreibung der Leitkarte). Das Kind, das die Deckkarte mit der ersten Handlung hat, muß sich melden und die Karte abgeben, das nächstfolgende Kind legt die zweite passende Karte an diese (von links nach rechts) an, so daß sich eine Reihenfolge ergibt.

b) Die Erzieherin fordert die Kinder nur beim erstenmal auf, die Karte anzulegen, später wartet sie nur kurze Zeit; das betreffende Kind muß inzwischen die Karte anlegen. Wer nicht aufpaßt, behält zuletzt die Karte übrig und kann nicht mehr gewinnen.

Aufbau der Wochentage

Aufgabe: Die Kinder lernen die Namen der Wochentage und ihre Aufeinanderfolge. Sie erwerben die Fähigkeit, die Namen der Wochentage frei zu benutzen. Selbständiges Denken und schnelles Reagieren entwickeln sich.

Spielverlauf: Die Erzieherin gibt sieben Kindern, die an verschiedenen Tischen sitzen, die Namen der Wochentage. Dann erklärt sie: „Wenn ich sage: ‚Tage der Woche', so stellt ihr euch in der richtigen Reihenfolge (nebeneinander – hintereinander) auf."

1. Die Erzieherin fragt: „Wer ist der erste Tag der Woche?" Das Kind, das den Namen „Montag" erhalten hat, erhebt sich von seinem Platz und antwortet: „Der Montag ist der erste Tag der Woche."
2. Andere Kinder erhalten nun die Namen der Wochentage. Die Erzieherin erzählt eine kurze selbsterdachte Geschichte, in der die Wochentage genannt werden. Das Kind mit dem genannten Namen steht auf und sagt: „Ich bin der Montag." Wenn die Erzieherin von allen Tagen der Woche spricht, stehen alle sieben Kinder von ihren Plätzen auf und stellen sich der Reihe nach auf.
3. Die Erzieherin gibt sieben weiteren Kindern die Namen der Woche; außerdem sagt sie zu ihnen: „Du bist der freie Tag", „Du bist der erste Tag der Woche" usw. Die Kinder stellen sich der Reihe nach auf und werden gefragt, welche Wochentage sie darstellen. Danach gibt die Erzieherin folgende Weisungen: „Es setzt sich auf den Platz der erste Tag der Woche, es geht zum Platz der zweite Tag" usw.
Variante: In ähnlicher Art lassen sich auch die Monate und ihre Reihenfolge sowie die Jahreszeiten und ihre typischen Merkmale einprägen.

Suche den richtigen Gegenstand!

Aufgabe: Die Kinder lernen, sich Farbe und Form eines Gegenstandes fest einzuprägen und wiederzuerkennen. Sie üben die Bezeichnungen von Gegenständen in der Einzahl und Mehrzahl, das Beschreiben von Gegenständen durch treffende Adjektive und das Sprechen im vollständigen Satz.
Material: Miniaturspielzeug, wie Personenautos, Lastautos, Traktoren, Feuerwehrautos, Flugzeuge, Häuser, Puppen, Tiere usw., Karten mit verschiedenen Abbildungen in doppelter Ausführung, auch solche, die alle zu einer Art oder Serie gehören und einem Oberbegriff zuzuordnen sind, zum Beispiel Bäume, Blumen, Früchte, aber auch Geschirr, Haushaltgeräte, Werkzeuge, Transportmittel usw.
Spielverlauf: Die Erzieherin verteilt vor Spielbeginn ohne Beisein der Kinder verschiedene kleine Gegenstände oder deren Abbildungen auf Karten im Gruppenzimmer. Den zweiten Satz der Gegenstände oder Karten behält sie, gibt immer zwei oder mehreren Kindern einen Gegenstand oder eine Karte in die Hand, läßt den Gegenstand beschreiben und beauftragt die Jungen und Mädchen, den passenden zweiten (oder die passende Karte) dazu zu suchen.
Die Kinder sagen zum Beispiel: „Ich habe ein kleines, rotes Feuerwehrauto." Die Erzieherin fordert: „Suche das zweite kleine, rote Feuerwehrauto." Oder, wenn es sich um Karten handelt, formulieren die Kinder:

„Auf meiner Karte ist ein kleines, gelbes Haus mit einem roten Dach." Die Erzieherin beauftragt sie, genau solch ein zweites kleines, gelbes Haus mit rotem Dach herauszufinden. Haben die Jungen und Mädchen den zweiten erwünschten Gegenstand gefunden, dann bauen sie beide auf dem Tisch vor den anderen Kindern der Gruppe auf und stellen fest, daß sie nun zum Beispiel zwei kleine, gelbe Häuser mit roten Dächern haben.
Zu diesem Spiel gibt es – wie folgt – mehrere Steigerungsmöglichkeiten.
Varianten: a) Den Kindern wird der Gegenstand oder dessen Abbildung nur kurz gezeigt. Sie müssen seine typischen Merkmale, aber auch seine Farbe nach kurzem Anschauen behalten und aus der Vorstellung wiedererkennen.
b) Die Kinder suchen den Gegenstand nur nach dem beschreibenden Wort der Erzieherin.
c) Die Gegenstandspaare sind zwar in ihren wesentlichen Merkmalen gleich, in den unwesentlichen aber unterschiedlich, zum Beispiel:
ein grüner und ein brauner Traktor,
ein großes und ein kleines Haus,
eine weiße und eine geblümte Tasse.
Der Auftrag lautet dann: „Suche einen zweiten Traktor!" Wenn das Kind mit beiden zurückkommt, wird es gefragt: „Wieviel Traktoren hast du jetzt?" „Worin sind beide Traktoren gleich?" „Worin unterscheiden sie sich?"

*Suche das Gegenteil!**

Aufgabe: Die Kinder erfahren, daß bekannte Dinge oder Personen gegensätzliche Eigenschaften haben können. Ihr Wortschatz wird durch Adjektive bereichert.
Material: kurze und lange Buntstifte, Puppenstrümpfe, Stäbchen; dicker und dünner Stock, dickes und dünnes Buch; viel und wenig Perlen, Kugeln, Bonbons; große und kleine Autos, Puppen, Bausteine; helle und dunkle Stoffe, Puppen; hohe und niedrige Häuser, Bäume, Leitern; süße und saure Äpfel usw.
Spielverlauf: Die verschiedenen Gegenstände hat die Erzieherin unter einem Tuch vor sich auf dem Tisch stehen. Die Gegensatzpaare sind im Raum verteilt. Die Kinder sitzen vor der Erzieherin. Sie erhalten die Aufgabe, gut aufzupassen und immer zu sagen, wie der Gegenstand aussieht oder welches Merkmal er hat. Vorsichtig zieht die Erzieherin etwas unter dem Tuch hervor. Es ist zum Beispiel ein ganz kurzer Buntstift. Die Kinder stellen fest: „Dieser Buntstift ist kurz." Die Erzieherin beauftragt ein Kind, das Gegenteil zu suchen. Der Junge oder das Mädchen

bringt einen langen Buntstift mit. Das Kind stellt fest: „Dieser Buntstift ist lang.“ Die Erzieherin erklärt: „Kurz ist das Gegenteil von lang. Du hast den richtigen Buntstift gefunden!“ Später formulieren die Kinder allein, zum Beispiel: „Dick ist das Gegenteil zu dünn (oder umgekehrt)“, nachdem sie zu einer dicken Stopfnadel eine dünne Nähnadel gesucht und gefunden haben.

Varianten: a) Andere Gegensatzpaare lassen sich besser mit den Kindern in einer selbsterdachten Geschichte zusammenstellen. Die Erzieherin erzählt zum Beispiel: „Als ich vorige Woche mit dem Zug nach Leipzig fuhr, habe ich zwei kleine Mädchen beobachtet, die auch nach Leipzig fuhren. Sie saßen nebeneinander und hießen Erika und Ilona. Sie gefielen mir gut, und ich habe sie mir genau angesehen. Erika trug *kurze* Strümpfe, Ilona aber? Na, ratet einmal, was trug sie für Strümpfe? Die Schuhe habe ich mir auch angesehen, ein Kind hatte *schwarze* Schuhe an, das andere Mädchen jedoch ... Beide Kinder hatten ihre Puppen mit. Erika hatte eine *kleine* Puppe, Ilona aber eine ... Diesen beiden Puppen erzählten sie das Märchen von Frau Holle. Erika erzählte von der *faulen* Marie, Ilona erzählte von ... Nun holten die Kinder ihre Bilderbücher aus der Tasche. Erika hatte ein *dickes* Buch mit, Ilona aber nur ein ... Ehe sie Bücher anschauten, kontrollierten sie ihre Hände. Ilona hatte *saubere* Hände, doch wie sahen Erikas Hände aus? ...! Sie wurden gewaschen. Erika blätterte die Seiten sehr *schnell* um im Märchenbuch. Ob das richtig war? ... Im Bilderbuch sahen die Kinder schöne Bilder. Auf einem Bild sahen die Kinder *traurig* aus, aber auf dem anderen Bild ... Viele Leute stiegen ein, *große* Leute und ... Sie erzählten, daß es heute draußen *kalt* sei, gestern aber noch ... Erika und Ilona hatten Hunger bekommen. Erika aß *viele* Kekse, Ilona nur ... Als wir in Leipzig ankamen, wurde es schon *dunkel.* Als wir abfuhren, war es noch ...“

b) Sind die Kinder im Suchen des Gegenteils etwas geübt, kann die Erzieherin mit ihnen dieses Spiel auch als Gesellschaftsspiel spielen. Die Kinder sitzen im Kreis. Die Erzieherin wirft einem Kind ein Tuch zu und sagt: „Suche das Gegenteil – ein *eckiger* Tisch.“ Das Kind fängt das Tuch auf, wirft es zurück und sagt: „Ein *runder* Tisch.“ Die Erzieherin wirft nun das Tuch einem anderen Jungen oder Mädchen zu. Wer das Gegenteil nicht weiß, muß ein Pfand geben. Beispiele:

eckiger Tisch – runder Tisch	offene Tür – geschlossene Tür
kleiner Stuhl – großer Stuhl	volle Schachtel – leere Schachtel
spitze Schere – stumpfe Schere	helles Zimmer – dunkles Zimmer
dickes Buch – dünnes Buch	nasser Lappen – trockener Lappen usw.

*Wir beschreiben und suchen Gegenstände**
(Nach dem Gesellschaftsspiel „Ich sehe etwas, was du nicht siehst")

Aufgabe: Im Wortschatz der Kinder werden die beschreibenden Adjektive gefestigt. Sie erleben, daß die Gegenstände durch mehrere verschiedene Eigenschaften gekennzeichnet sind.
Spielverlauf: Die Erzieherin stellt den Kindern die Aufgabe, Gegenstände, die im Raum sind, oder Kleidungsstücke, die sie anhaben, zu beschreiben und die anderen Kinder raten zu lassen, was sie gemeint haben. Sie beginnt selbst, um den Kindern ein Beispiel zu geben: „Ich sehe etwas Großes, Hartes, Weißes" (Schiebetür). „Ich sehe etwas, was ihr nicht seht. Es ist klein und leicht und gelb" (Tasse vom Puppengeschirr). „Ich sehe etwas, was ihr nicht seht. Es ist warm und rot und wollig" (Pullover eines Jungen). Wer den Gegenstand richtig nennt, stellt eine neue Aufgabe.

Wem gehört der Koffer?

Aufgabe: Die Kinder lernen, ihre Spielkameraden an der Kleidung genau zu beschreiben.
Spielverlauf: Die Kinder wählen ein Kind aus ihrer Mitte, dessen Koffer „gepackt" werden soll. Ein Kind, das bei der Beratung außerhalb des Zimmers war, soll herausfinden, wem der Koffer gehört. Es fragt der Reihe nach jedes Kind, was es in den Koffer „packt". Kleidungsstücke und Schuhe, die das betreffende Kind trägt, werden genannt; hat das Kind lange Haare, werden Zopfschleifen eingepackt usw. Gelingt es dem Kind nicht, zu raten, wem der Koffer gehört, wird die Kleidung des Kindes näher beschrieben, zum Beispiel wird eine rote Bluse mit braunen Knöpfen und kurzen Ärmeln eingepackt, ein schwarzer Faltenrock mit Trägern und einem Reißverschluß usw. Die Erzieherin gibt den Kindern schon vor dem Spiel den Hinweis, daß sie sich das Kind, dessen Koffer „gepackt" werden soll, vorher genau ansehen müssen, damit sie es nicht nachher durch häufiges Hinsehen verraten. Sie kann auch, bevor das Kind wieder in das Zimmer zurückkommt, mit den anderen gemeinsam über die Kleidung des „verreisenden" Kindes sprechen. Dadurch ist es im Spiel allen Kindern möglich, sich am „Kofferpacken" zu beteiligen.

Einschleifen grammatischer Formen

*Rate, was ich tue oder was ich getan habe!**

Aufgabe: Die Kinder erkennen eine Tätigkeit nach dem Gehör. Sie üben die verschiedenen Formen der Konjugation schwacher und starker Verben in der Gegenwart (Präsens) und vollendeten Vergangenheit (Perfekt).
Material: ein Wandschirm oder das Puppentheater. Verschiedene Gegenstände, mit denen sich recht unterschiedliche und zugleich typische Geräusche erzeugen lassen.
Spielverlauf: Die Erzieherin erklärt den Kindern, daß sie ihnen heute eine Geschichte nicht erzählen, sondern hinter dem Wandschirm vorspielen wird. Sie stellt den Jungen und Mädchen die Aufgabe, gut zuzuhören und zu erraten, was sie gerade tut oder was sie getan hat. Durch Fragen, in denen sie selbst bewußt das Verb einmal im Präsens, dann wiederum im Perfekt gebraucht, lenkt sie die Antworten der Kinder. Die Erzieherin sollte so viel Tätigkeiten auswählen, daß jedes Kind der Gruppe mindestens einmal raten muß.
Das Spiel bietet verschiedene Stufen der Gestaltung, mit denen die Anforderungen jeweils gesteigert werden:
1. Die Erzieherin läßt einzelne, voneinander unabhängige Tätigkeiten erraten.
2. Sie bringt verschiedene Tätigkeiten in einen Sinnzusammenhang und entwickelt eine Spielhandlung. Nachdem die Spielregel erklärt worden ist, beginnt das Spiel. Beispiel:
„O je, es ist schon Zeit zum Essenkochen. Nun aber schnell in die Küche, sonst schaffe ich es nicht mehr. Es ist schon spät."
(Läuft hinter den Wandschirm.)
Sie zündet ein Streichholz an.
„Was habe ich getan?"
Sie schüttet Wasser in einen Kochtopf.
„Was tue ich jetzt?"
„Heute koche ich euer Lieblingsgericht."
Sie schält eine Kartoffel, rührt die Suppe, stellt Teller hin, legt Löffel darauf usw.
Zum Schluß fassen die Kinder den Spielvorgang zusammen. Sie sagen zum Beispiel: „Du hast Kartoffelsuppe gekocht und den Mittagstisch gedeckt."
3. Die Kinder vollführen selbst hinter dem Wandschirm Tätigkeiten mit verschiedenen Gegenständen, die die Erzieherin bereitgestellt hat. Sie stellen den anderen Jungen und Mädchen dazu Fragen. Wer richtig geraten hat, darf das Spiel hinter dem Schirm fortsetzen.

Wo ist das Osterei?

Aufgabe: Die Kinder üben den Gebrauch des Dativs in der Antwort: „Das Osterei liegt im . . ." beziehungsweise „auf dem . . ."
Material: ein Osterei (Holzei oder ein Ei aus dem Steckeiersatz).
Spielverlauf: Die Erzieherin schlägt den Kindern vor, „Osterei-Verstekken" zu spielen. Zuerst erklärt sie, wie gespielt werden soll: „Hier habe ich das Osterei. Das will ich jetzt verstecken. Ihr schaut mir alle zu! Ein Kind soll mir dann sagen, wo das Osterei liegt."
Sie versteckt das Osterei zum Beispiel im Puppenwagen, kommt zurück und zählt die Kinder ab: „Eins, zwei, drei, wo liegt das Osterei?" oder nur: „Eins, zwei – wo?", oder sie fragt: „Wo liegt das Osterei, Elke?" Das dritte oder zweite beziehungsweise das gefragte Kind antwortet: „Das Osterei liegt im Puppenwagen." Anschließend hilft das Kind, das richtig geantwortet hat, der Erzieherin, das Osterei an einem anderen Platz zu verstecken, um dann in gleicher Weise ein nächstes Kind zu fragen.
Alle Kinder beobachten aufmerksam, wo die Erzieherin jeweils zusammen mit einem Kind das Osterei versteckt (sichtbar), warten, ob beziehungsweise bis sie mit der für das Spiel festliegenden Frage gefragt werden, und antworten immer mit einem vollständigen Satz: „Das Osterei liegt im . . ." („. . . auf dem . . ."). Anschließend hilft das Kind, das richtig antwortete, beim Verstecken des nächsten Ostereis.
Varianten: a) Es können auch zu gleicher Zeit zwei Eier, zum Beispiel ein rotes und ein blaues Ei, versteckt werden. Die Fragen nach dem roten und dem blauen Ei können dann getrennt an je ein Kind nacheinander oder auch zusammen gestellt werden: „Wo liegen die beiden Eier?"
b) Erschwernis durch Abzählen: Es sind soviel Ostereier da wie Kinder in der Gruppe (evtl. aus Pappe ausgeschnittene Eier). Diese werden nacheinander, jeweils zwei oder drei Eier zu gleicher Zeit, versteckt. Dabei können die Kinder zuschauen oder auch aufgefordert werden, sich die Augen zuzuhalten. Die zwei beziehungsweise drei Kinder suchen dann zu gleicher Zeit je ein Ei, kommen zum Stuhlkreis zurück und müssen, bevor sie sich auf ihren Stuhl setzen, auf die Frage „Wo lag dein Osterei?" mit einem vollständigen Satz: „Mein Osterei lag im Blumentopf" antworten. Eventuell können die Eier auch von den Kindern versteckt werden, die dann jeweils dazu oder vorher sagen müssen: „Ich lege mein Osterei in . . ."

„*Guten Tag, Herr Meister, guten Tag, Herr Deister!*"

Aufgabe: Der richtige Gebrauch der Präpositionen wird geübt.
Spielverlauf: An der Magnettafel sind verschiedene Abbildungen angebracht (Auto, Puppe, Ball, Vogel usw.). Ein Kind kommt zum Spielführer (Erzieherin) und sagt: „Guten Tag, Herr Meister!"
Erzieherin: „Guten Tag, Herr Deister, was soll es sein?"
Kind: „Ein Vogel."
Erzieherin: „Wohin fliegt der Vogel?"
Kind: „Auf den Baum!"
Alle: „Es war richtig, es war schön, Herr Deister kann nun weitergehn."
War die Antwort falsch, dann sprechen alle: „Es war nicht richtig, es war nicht schön, Herr Deister muß noch stillestehn."

*Aufträge**

Aufgabe: Die Kinder erleben und üben, daß sie, wenn sie eine Tätigkeit gerade ausführen, in der Gegenwart, wenn sie eine Tätigkeit erst vorhaben, in der Zukunft, wenn sie etwas vollbracht haben und davon berichten wollen, in der Vergangenheit sprechen müssen.
Material: Gegenstände des Gruppenraumes, Spielzeug und anderes.
Spielverlauf: Die Erzieherin erklärt die Aufgabe. Sie gibt den Kindern nacheinander einen Auftrag und lenkt im ersten Teil des Spiels die Antworten der Kinder durch Fragen. Etwa:
„Was wirst du nachher tun?"
„Was tust du jetzt?"
„Was hast du getan?"
Die Kinder berichten dann zum Beispiel:
„Ich werde den Stuhl an den Tisch tragen."
„Ich trage den Stuhl an den Tisch."
„Ich trug oder ich habe den Stuhl an den Tisch getragen."
Bei der Wiederholung können sich die Kinder Aufträge ausdenken. Der Ausführende begleitet dann sein Tun mit den entsprechenden Sätzen, ohne gefragt zu werden.
Varianten: a) Jedes Kind erhält von der Kindergärtnerin einen Gegenstand, mit dem es eine Tätigkeit ausführen kann. Zum Beispiel: Staubtuch zum Staubwischen, Wasserkanne zum Blumengießen, Auto zum Spielen, Kamm zum Kämmen usw. Der Reihe nach führen die Kinder die durch den Gegenstand bestimmte Tätigkeit aus und sagen dazu, was sie tun werden, womit sie sich gerade beschäftigen und was sie getan haben.
b) Das Spiel ist auch als Gedächtnisübung sinnvoll zu verwenden. Ein

Kind kann zum Beispiel zuerst drei oder später fünf Aufträge auf einmal erhalten, die immer in der gleichen Reihenfolge durchgeführt werden müssen, wie sie aufgetragen werden. Abschließend kann das Kind berichten, was es tat.

*Ergänze meinen Satz!**

Aufgabe: Die Kinder üben, Ortsangaben mit dem Dativ und Richtungsangaben mit dem Akkusativ auszudrücken und die Präpositionen an, auf, hinter, in, über, unter, neben, vor und zwischen, ihren verschiedenen Funktionen im Satz entsprechend, mit dem Dativ oder Akkusativ zu verwenden.
Material: Kasperle oder andere Figuren.
Spielverlauf: Die Erzieherin kommt mit dem Kasper.
Kasper sagt: „Kinder, könnt ihr euch noch an den Fasching erinnern?"
„Das ist fein, denn ich will euch heute erzählen, was ich auf dem Kinderfasching erlebte. Aber ihr müßt mir alle helfen, wenn ich manchmal nicht weiterweiß."
„Ich war vor langer Zeit auf ein*em* Faschingsfest. Dort ging es sehr lustig zu, denn die Kinder hatten sich alle verkleidet, tollten herum und neckten sich. Ich legte meinen Mantel auf ... ein*en* Stuhl. Niemand erkannte mich, denn ich hatte mich als Katze angeputzt. Nun lief ich auf allen vieren in ... d*en* Saal. Ach, war das ein Lärm. Alle, die ich sah, waren angeputzt. Ein Hund lag unter ... d*em* Tisch und knabberte an ein*em* Knochen. Wer mochte das sein? Unweit des Tisches stand ein Müllersbursche. Ich sprang zu ihm hin. Was glaubt ihr, wie er sich freute, denn er suchte schon eine ganze Weile nach sein*em* gestiefelten Kater. Nun liefen wir zu zweit an ... *die* Tische, auf ... *die* Bühne, im Saal herum.
Wir trafen den Seppl. Er flüsterte mir etwas in ... *das* Ohr.
Ich durfte aber nicht verraten, was er mir zugeflüstert hatte, denn es sollte für alle eine Überraschung werden.
Die Überraschung lag in ... ein*em* Kasten hinter ... d*em* Tisch (der Bühne, dem Vorhang usw.).
Ich ging mit dem Müllersburschen an ... d*en* Tisch.
Wir wollten gemeinsam den Kasten holen. Aber der war so schwer, daß wir ihn kaum hochheben konnten.
Deshalb schoben wir ihn einfach in ... d*en* Saal, *die* Mitte des Saales. Der Müllerbursche holte einen Hammer und ein Brecheisen, und dann schlugen wir den Kasten auf. Wir machten lange Gesichter. Wie enttäuscht waren alle! Es lagen nur graue, unansehnliche Pakete darin.
Seppl aber zwinkerte mit seinem rechten Auge und rief: ‚Laßt uns alles,

was in ... d*em* Kasten liegt, auf ... ein*en* hohen Berg, ... ein*en* Haufen packen, und dann kommt die lang ersehnte Überraschung!' Mein Müllersbursche nahm eine rote, brennende Kerze und hielt sie an ... d*en* Berg, ... d*en* Haufen, ... *die* grauen Pakete. Kaum hatte er das Licht darangehalten, da sprühten viele kleine, leuchtende Sternchen in ... d*em* Saal herum. Sie sahen ganz wunderschön aus – die vielen kleinen roten, gelben, blauen und grünen Sternchen.
Alle Kinder stellten sich schnell in ... ein*en* großen Kreis, ei*ne* Reihe. Sie riefen ‚Ah!' und klatschten vor Freude in die Hände.
Ich riß mir vor lauter Begeisterung die Katzenmaske vom Gesicht. Da erkannten mich die Kinder. Alle wollten mich anfassen. Da verkroch ich mich schnell hinter ... d*en* Vorhang, ... *die* Gardine, ... *die* Bühne. Dort stand ich neben ... ein*er* alten Kiste, ... d*em* Bierfaß, bis das Licht in ... d*em* Haus, ... d*em* Saal gelöscht wurde. Ich schlich mich über ... *die* Hintertreppe an ... d*en* Tischen und Stühlen vorbei – aus ... d*em* Haus."
Als Erweiterung des Spiels können sich die Kinder selbst einfache Sätze oder ganze Geschichten ausdenken und den angefangenen Satz durch ihre Spielgefährten beenden beziehungsweise ergänzen lassen.

Es hat sich etwas verändert

Aufgabe: Die Kinder lernen, räumliche Beziehungen und Veränderungen durch die gebräuchlichsten Adverbien des Ortes genau zu beschreiben. Ihre Beobachtungsfähigkeit in bezug auf Raumverhältnisse wird gesteigert.
Material: Möbel, Spielzeug und andere Gegenstände, die sich im Gruppenraum befinden.
Spielverlauf: Ein Kind wird vor die Tür geschickt. Die anderen Kinder nehmen unter Anleitung der Erzieherin eine räumliche Veränderung eines Gegenstandes vor. Die Erzieherin hilft den Kindern durch Fragen, sich dieser Veränderung bewußtzuwerden und die Antwort, die sie von dem draußen stehenden Kind nachher erwarten, selbst erst einmal zu formulieren. Die Kinder stellen auf die Fragen der Erzieherin – „Wo stand der Stuhl zuerst?", „Wo steht er jetzt?" – zum Beispiel fest: „Der Stuhl stand rechts neben dem Tisch. Jetzt steht er auf der linken Seite." Sie singen nun: „Es hat sich was verändert, ich weiß nicht, was!" Das Kind kommt herein und hat seine Aufgabe gelöst, wenn es die Veränderung entdeckt und sprachlich richtig ausgedrückt hat, zum Beispiel: „Der Stuhl steht auf der linken Seite", oder: „Erst saß der Bär oben auf dem Schrank, jetzt sitzt er hier unten in der Ecke."

Märchenraten

Aufgabe: Die Kinder sollen sich bestimmter Personen und Lebewesen erinnern und ihre Lebensweise und Tätigkeit, wie sie im Märchen beschrieben werden, sowie typische Redewendungen wiedergeben. Sie lernen, frei nachzuerzählen.

Spielverlauf: Ein Kind geht hinaus, und alle übrigen denken sich ein Rätsel von einem Lebewesen aus dem Märchen aus. Die Erzieherin macht darauf aufmerksam: „Den Namen des Lebewesens nennen wir nicht. Der Ratende soll ihn nach den Kennzeichen, die wir sagen, herausbekommen." Das Kind wird wieder hereingeholt, und die anderen sagen ihm einige Kennzeichen, wie Wohnung, Lebensweise und Tätigkeit des bestimmten Lebewesens.

Die Erzieherin wählt zum Beispiel das Märchen von Frau Holle:

Ein Kind geht hinaus. „Welche Marie soll erraten werden?"

Die Kinder: „Die Goldmarie!"

Die Erzieherin: „Jeder von euch überlegt sich jetzt, was er von der Goldmarie erzählen wird. Denkt daran, was im Märchen über die Goldmarie geschrieben steht!"

Das Kind kommt herein.

Die Jungen und Mädchen erzählen:

„Sie saß am Brunnen und spann."

„Die Brote riefen: ‚Zieh uns heraus!' Und sie zog sie heraus."

„Frau Holle sagte zu ihr: ‚Du warst immer fleißig.' " usw.

Unterstützung der mathematischen Vorbereitung [27]

Erst der absolut sichere Umgang mit Mengen macht spätere Rechenoperationen, die hohes Abstraktionsvermögen verlangen, möglich. Die Zahl ist ein Symbol für gleichmächtige Mengen. Man kann sich eine Zahl, die genannt wird, stets als konkrete Menge vorstellen. Vorschulkinder gelangen nur durch wiederholten Umgang mit konkreten Mengen zu ersten Zahlvorstellungen (bis 10). Durch ständiges Manipulieren lernt das Kind das Zuordnen von Zahlwort und Ziffer zu einer konkreten Anzahl. Daher müssen wir den Umgang mit konkreten Mengen organisieren und benötigen somit für diese didaktischen Spiele immer reichliches Material.
Folgende Fähigkeiten und Fertigkeiten sollen herausgebildet werden:
1. Elemente einer Menge zählen und vergleichen,
2. Mengen ordnen und die Anzahl ihrer Elemente simultan erfassen,
3. die Elemente einer Menge so anordnen, daß Teilmengen entstehen: „Vier Stäbchen sind drei Stäbchen und noch ein Stäbchen" usw.,
4. Vereinigungsmengen herstellen und die Anzahl der Elemente ermitteln: „Vier Stäbchen und noch ein Stäbchen sind zusammen fünf Stäbchen" usw.,
5. die Elemente einer Menge zuordnen (von links nach rechts, von oben nach unten) und das Ordnungszahlwort richtig anwenden: der dritte von links, von oben, von rechts.

Damit ergeben sich für diese Spiele auch die Aufgaben. Was soll mit den Spielen geübt werden?
a) Die Entwicklung des Zahlbegriffs muß in reizvollen Spielsituationen gefördert werden.
b) Durch praktische Analyse und Synthese werden spätere abstrakte Denkoperationen vorbereitet.
c) Wie bei allen didaktischen Spielen werden bestimmte situationsgebundene positive Verhaltensweisen geübt.

Als Grundlage für die Verwendung der didaktischen Spiele zur mathema-

---

[27] Diese Spiele sind vom Rechenunterricht bisheriger Art geprägt. Zur mathematischen Früherziehung sind im Klett-Verlag folgende Werke erschienen:
Gieding, H.: Denke mit
Fricke, A., und Besuden, H.: Mathematik für die Vorschule
Picard, N., und Biemel, R.: Entdeckung der Zahl
Glaus, I., und Senft, W.: Mathematische Früherziehung

tischen Vorbereitung muß gelten, daß sie erst dann eingesetzt werden können, wenn die Zahlbegriffe vorher schon in Anfängen erarbeitet wurden. Systematisch erarbeitete Kenntnisse und bestimmte Fertigkeiten sind auch hier, wie bei allen didaktischen Spielen, die Voraussetzungen, auf denen die Anforderungen im didaktischen Spiel beruhen. Bei den Spielen bedeutet das:

1. Die Zahlwortreihe muß erarbeitet sein (eins – zwei – drei – vier usw.).
2. Das Grundzahlwort (Kardinalzahl: Es sind drei Gegenstände.) und das Ordnungszahlwort (Ordinalzahl: Das ist der dritte Ball.) müssen voneinander unterschieden werden können.
3. Das Verhältnis einer Zahl zu den benachbarten Zahlen muß erkannt worden sein (der 2. Gegenstand kommt nach dem 1. und steht vor dem 3. Gegenstand).

Bei der Auswahl der für das Spiel benötigten Gegenstände sollten wir den Weg der Entwicklung der Formwahrnehmung der Kinder beachten:

1. Stufe: Umgehen mit körperhaften Formen (Spielgegenstände – geometrische Körper, wie Kugel, Walze, Würfel);
2. Stufe: Umgehen mit Material, das Flächencharakter hat (Legetäfelchen – Abbildungen von Dingen – Bildkarten);
3. Stufe: Umgehen mit Material, das nur noch die Umrisse der Gegenstände darstellen läßt (Stäbchen, Steinchen, Muscheln).

Beachten wir das, dann werden wir bei der eigenen, schöpferischen Gestaltung von didaktischen Spielen keine grundlegenden Irrtümer begehen.

Wenn auch die Sammlung Hinweise gibt, so kann sie letztlich doch nur dazu beitragen, die Initiative der Erzieherin wachzurufen, um mit ihren Mitteln und Möglichkeiten immer neue Spiele zu ersinnen, die ihren Kindern bewußtmachen, daß man zählen können muß, daß man dann im Spiel Aufgaben lösen kann, die Freude bereiten, Gefühle der Sicherheit auslösen und ein gesundes Selbstwertgefühl entwickeln helfen.

Erkennen von Mengen, Erarbeiten der Zahlwortreihe

Eins und mehrere

Aufgabe: Die Kinder üben die Begriffe „eins" und „mehrere" (viele), ebenso die Bezeichnung verschiedener Gegenstände sowie deren Einzahl- und Mehrzahlform.

Material: kleine Dinge, wie Knöpfe, Steine, Muggelsteine usw.

Spielverlauf: Die Erzieherin versteckt in einer Hand einen und in der anderen Hand mehrere Gegenstände. Sie fragt die Kinder der Reihe nach:

„Wo ist eins?“ „Wo sind mehrere?“ Die Kinder raten und tippen dabei auf eine Hand. Werden die Hände geöffnet, muß das betreffende Kind sagen: „Das ist nicht eins, das sind mehrere ...“ (Knöpfe, Eicheln usw.) oder umgekehrt. Kinder, die richtig erraten haben, verstecken nun selbst die Gegenstände in ihren Händen.

Viele Vögel und eine Katze

Aufgabe: Die Kinder unterscheiden die Mengen „viel“ und „eins“.
Material: kleine Spielzeugfiguren oder Tiere im Faltschnitt.
Spielverlauf: Ein Nest wird markiert. Viele Vögel sind darin. Viele Vögel fliegen aus. Eine Katze kommt und versucht, die Vögel zu fangen. „Viele Vögel müssen fliegen, eine Katz' darf sie nicht kriegen!“ Die Vögel fliegen ins Nest zurück. Die Katze versteckt sich wieder. Das Spiel wird wiederholt.

Zwei Teddys

Aufgabe: Die Kinder zählen und vergleichen die Mengen 1, 2, (3).
Material: 2 Teddys, Großraumbausteine, Geschirr.
Spielverlauf: Gemeinsam mit den Kindern werden aus Großraumbausteinen ein Tisch und zwei Stühle gebaut. Wer die Frage „Wieviel Stühle stehen am Tisch?“ schnell beantwortet, bekommt die Aufgabe, zwei Teddys zu holen und an den Tisch zu setzen. Unsere Teddys wollen essen. Frage: „Wieviel Teller brauchen sie?“ (zwei Teller). Wer schnell und richtig antwortet, holt die Teller. Die Teller werden gezählt. Gemeinsam stellen wir fest: „Wir haben zwei Teddys und zwei Teller.“ Dasselbe geschieht bei Löffeln und Tassen. Ein Kind darf dann einen Teddy im Zimmer verstecken. Frage: „Wieviel Teddys sitzen am Tisch?“ (ein Teddy). Da der Teddy nicht allein sein möchte, darf ein Kind mit dem Teddy den anderen suchen. Alle freuen sich, wenn es ihn findet: „Nun haben wir wieder zwei Teddys.“
Variante: Die Kinder bilden einen Kreis, den Stall. Zwei (oder drei) Kinder gehen als Häschen in die Mitte. Frage: „Wieviel Häschen haben wir?“ (zwei). Wir zählen gemeinsam. Die Häschen haben Hunger. Jedes Häschen soll eine Mohrrübe bekommen. Frage: „Wieviel Mohrrüben müssen wir holen?“ (zwei Mohrrüben). Wir zählen die Mohrrüben. Dann schlafen die Häschen im Stall. Da das Zuschließen vergessen wurde und die Tür offensteht, laufen die Häschen fort und verstecken sich. Ein Kind sucht die Häschen. Es muß sich die Augen zuhalten, während sich die „Hasen“ verstecken. Sieht es von seinem Platz aus kein Häschen, darf es keines

mehr einsperren. Sieht es einen Hasen, ruft es: „Häschen, Häschen, komm herein!“ Dann beginnt das Spiel von vorn. Es kann sich auch das Kreisspiel „Häschen in der Grube“ mit zwei oder drei Hasen anschließen.

Viel und wenig
(einfaches Würfelspiel)

Aufgabe: Die Kinder wenden die Begriffe „viel“ und „wenig“ an. Sie vertiefen ihre Farbkenntnisse und prägen sich die Zahlenbilder von 1 bis 3 ein.
Material: ein beklebter Würfel, auf je 2 Feldern die Farben Gelb, Rot und Blau. Auf jede Seite werden kräftige schwarze Punkte gemalt, und zwar so, daß auf 2 Feldern je 1 Punkt, auf 2 Feldern je 2 Punkte und auf 2 Feldern je 3 Punkte zu sehen sind. Gelbe, rote und blaue Muggelsteine, für jedes Kind ein leeres Materialschälchen.
Spielverlauf: In der Mitte steht ein Schälchen mit den Muggelsteinen. Der Würfel geht reihum. Jedes Kind nimmt sich entsprechend der Punktzahl und Farbe, die es gewürfelt hat, Muggelsteine aus der Mittelschale und legt sie in seine Schale. Sollte eine Farbe nicht mehr vorhanden sein, so darf es so lange würfeln, bis auf dem Würfel die Farbe erscheint, die noch vorhanden ist. Ist das Schälchen in der Mitte des Tisches leer, so ist das Spiel beendet. Nun legt jedes Kind seine gewonnenen Steine in eine Reihe. Damit es übersichtlicher ist, ordnen die Kinder die Reihen untereinander in der Tischmitte an. Es wird festgestellt: In der Schale war erst viel, jetzt ist nichts mehr darin. Jedes hat einige Steine. Gewinner ist das Kind, das die längste Reihe aufzuweisen hat. Nun wird festgestellt: Es hat viele Steine, die anderen Kinder haben weniger. Alle Steine kommen wieder in die Mittelschale. Es sind viele.

Zähle weiter!

Aufgabe: Die Zahlwortfolge vor- und rückwärts wird gefestigt.
Spielverlauf: Bis zu einer beliebigen Zahl, zum Beispiel bis zur 8, soll gezählt werden. Die Erzieherin wirft einem Kind ein geknotetes Tuch zu und nennt zum Beispiel die Zahl 2. Das Kind zählt weiter: 3, 4, 5, 6, 7, 8. Das kann vor- und rückwärts durchgeführt werden.

Perlenraten

Aufgabe: Die Kinder üben das Zerlegen im Zahlenraum bis 5.
Die Kinder „raten“, wieviel Perlen in der linken Hand bleiben. Sie müs-

sen dabei begreifen, daß eine richtige Antwort nur dann gegeben werden kann, wenn die Gesamtzahl genau zerlegt wurde.
Material: Jeder Mitspieler bekommt 5 Glasperlen.
Spielverlauf: Die Erzieherin sagt: „Hier sind 5 Perlen; 2 nehme ich in die rechte Hand, die anderen in die linke. Alle Kinder haben 5 Perlen und üben mit!" Dann beginnt das Spiel.
Jedes Kind verteilt 5 Perlen in bestimmter Anordnung in seinen Händen und schließt sie fest zu. Ein Kind beginnt, öffnet eine Hand und nennt die Anzahl der Perlen. Wer die noch fehlende Anzahl der Perlen bis zur 5 „errät", öffnet als nächster eine Hand. Als Regel gilt, daß die zweite Hand erst geöffnet wird, wenn richtig „geraten" wurde. Es können auch immer zwei Kinder miteinander spielen.
Varianten: a) Die Kinder stellen nacheinander ihre Aufgabe dem rechten Nachbarn. Löst dieses Kind die Aufgabe nicht, wird die andere Hand geöffnet, und es zählt die Perlen ab.
b) Wettspiel: Die Kinder sitzen an zwei oder drei Tischen. Alle verteilen unbemerkt von den anderen die Perlen in ihren Händen. Dann werden die Aufgaben der Reihe nach gestellt. Die Kindergruppe, die zuerst fertig ist, hat gewonnen.

Bunte Eisenbahn

Aufgabe: Die Kinder festigen ihre Kenntnisse von den Farben, sie üben sich im schnellen Abzählen der Mengen (bis 3).
Material: Aus mehreren farbigen Kästchen (Streichholzschachteln) wird eine einfache Eisenbahn hergestellt. Die Waggons sind oben offen. Vor jedem Mitspieler steht ein Schälchen mit farbigen Muggelsteinchen.
Spielverlauf: Die Kinder sitzen am Tisch. Die Eisenbahn fährt von Kind zu Kind. Die Kinder erhalten die Aufgabe, je eins, zwei oder drei farbige Muggelsteine nach Angabe des Spielführers in das entsprechende (das erste, zweite, dritte – das rote, blaue, grüne) Kästchen zu sortieren. Danach lassen sie die Bahn zu dem nächsten Kind weiterfahren. Alle Kinder, die im Augenblick nichts einladen, kontrollieren. In derselben Art kann die „Eisenbahn" ausgeladen werden. Spielführer ist zuerst die Erzieherin, später ein Kind. Wer etwas falsch macht, darf keine Muggelsteine einladen (muß die zuviel oder zuwenig eingeladenen Steine wieder ausladen beziehungsweise dazulegen). Sieger sind die Kinder, die in einer festgelegten Zeit alle Steine einladen konnten.
Varianten: a) Wenn den Kindern das Spiel bekannt ist, wird die Regel aufgestellt, daß jedes Kind sehr schnell seine Steinchen einlädt. Der Spielführer pfeift, oder die anderen Kinder zählen, und der Zug fährt weiter, auch wenn das Kind noch nicht fertig ist.

b) Die Aufgabe kann erschwert werden: Es werden eine Anzahl rote und blaue Muggelsteine eingeladen usw.

c) Die Anzahl der Steine, die einzuladen ist, wird zum Beispiel durch Schlagen auf der Rahmentrommel usw. bestimmt. Nachdem in einer Runde alle Kinder die gleiche Zahl Steinchen abgezählt haben, erhält in der nächsten Runde jedes Kind eine andere Aufgabe.

Reihenfolge verändern

Aufgabe: Die Kinder müssen genau beobachten und üben sich, die Lage verschiedener Dinge simultan zu erfassen und mit der Ordnungszahl zu benennen.

Material: verschiedene Gegenstände, zum Beispiel ein Ball, eine Puppenmütze, eine Schere, ein Baustein usw.

Spielverlauf: Auf dem Tisch werden 3 bis 4 Gegenstände (bei älteren Kindern auch mehrere) in einer bestimmten Reihenfolge aufgebaut. Sie müssen den Kindern durch den täglichen Gebrauch vertraut sein. Ein Kind geht aus dem Zimmer, inzwischen verändern die anderen die Reihenfolge der Gegenstände. Nun wird es hereingeholt und muß die ursprüngliche Anordnung wiederherstellen. Dabei muß es sagen: „Der 4. Gegenstand, die Streichholzschachtel, steht jetzt an 7. Stelle."

Variante: Statt der bekannten Gegenstände werden verschiedenfarbige Bausteine, Karten oder Hölzer in verschiedenen Formen, zum Beispiel lange, kurze, breite, schmale, runde usw., verwandt. Es soll nun festgestellt werden, in welcher Reihenfolge die verschiedenen Hölzer lagen oder welcher Baustein in welcher Farbe entfernt wurde.

Diese Art des Spiels ist viel schwieriger und kann nur mit älteren Kindern gespielt werden.

Selbstbedienungsladen

Aufgabe: Die Kinder vertiefen ihre Kenntnisse vom Selbstbedienungsladen und üben sich in der richtigen Kaufhandlung. Die Zahlbegriffe bis 4 werden gefestigt.

Spielverlauf: Nachdem aus Stühlen, Großraumbausteinen, Körben usw. ein Selbstbedienungsladen aufgebaut ist und leere Verpackungen eingeordnet sind (vorher werden die leeren Verpackungen im Kartoffeldruck gestempelt, bis zu 4 Stempeln), beginnt das Spiel. Um am Anfang des Spiels besser kontrollieren zu können, ist die Erzieherin zunächst die Kassiererin, später kann diese Rolle ein Kind übernehmen. Die Kinder dürfen sich eine Ware auswählen. Für Waren, die einen Stempel haben, muß eine

Spielmarke bezahlt werden, für Waren mit drei Stempeln drei Spielmarken. Die Kinder zählen der Verkäuferin die Spielmarken auf.
Schwieriger wird das Spiel, wenn die Kinder zwei oder drei Waren auswählen und sie insgesamt bezahlen müssen. Die Spielmarken werden an der Kasse für eine Ware nebeneinander aufgelegt, die Spielmarken für die zweite Ware darunter. Die Verkäuferin oder der Käufer muß nach dem Auflegen feststellen, welche Ware mehr gekostet hat beziehungsweise welche weniger (Vergleichen der Mengen!).

Rhythmisches Zählen

Aufgabe: Die Kinder sollen sich durch das rhythmische Spiel die Zahlenreihe aneignen.
Spielverlauf: Wir zählen im Zweierrhythmus: betonen oder klatschen. Dazu können auch Bewegungen ausgeführt werden. Beispiel: Aufpumpen des Fahrradschlauches. 1 = hochziehen der Luftpumpe, 2 = niederstoßen.
Variante: Wir stellen uns in einer Reihe (im Kreis) auf, Jungen und Mädchen im Wechsel. Wer das unbetonte Zahlwort spricht, verneigt sich gegenüber dem Nachbarn. Dieser ruft das betonte und dreht sich einmal. Alle klatschen dabei leise. Für falsches Zählen können Pfänder oder andere Spielstrafen verlangt werden.

Autorennen
(Welches Auto ist zuerst am Ziel?)

Aufgabe: Die Zahlwortreihe wird geübt. Der Ordnungscharakter der Zahl wird bestimmt. Farbkenntnisse werden angewandt. Das richtige Bezeichnen der eigenen Tätigkeit wird geübt. Gegenseitige Rücksichtnahme wird verlangt.
Material: ein Stück Kreide oder Packpapier, 4 verschiedenfarbige Spielautos und ein Farbwürfel (4 Farben wie die Autos und zwei gegenüberliegende weiße Felder).
Spielverlauf: 8 bis 10 Mitspieler. Die Erzieherin zeichnet mit Kreide 10 gleich große Felder auf den Tisch oder auf einen großen Bogen Packpapier auf. Vor dem 1. Feld stehen die 4 Spielautos. Die Kinder beginnen zu würfeln.
Jedes Kind darf nach der erwürfelten Farbe (z. B. Rot) das rote Auto ins 1. Feld fahren. Es muß aber dazu sagen: „Das rote Auto fährt ins 1. Feld." Das Spiel geht weiter. Immer müssen die einzelnen Kinder sagen, ins wievielte Feld ihr Auto fährt.
Würfelt ein Kind „Weiß", dann darf kein Auto weiterfahren, aber auch

dieses Kind muß sagen: „Ich habe Weiß gewürfelt – kein Auto darf weiterfahren!"
Hat das rote Auto zum Beispiel das Ziel erreicht, dann wird festgestellt, um wieviel Felder die andersfarbigen Autos zurück sind. (Einzelaufträge vergeben.) Antwortet das aufgeforderte Kind richtig, dann darf es das Auto bis vor das 1. Feld zurückfahren. Das Spiel beginnt von neuem.

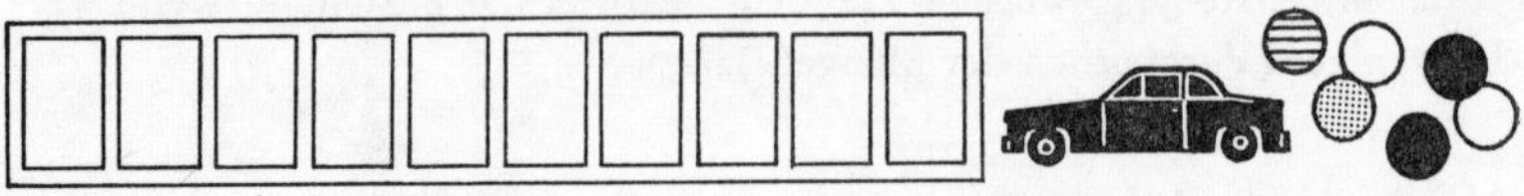

Varianten: a) Für jedes Auto, das von einem Kind vorwärts geschoben wurde, erhält es vom Spielleiter (oder auch von einem dazu bestimmten Kind) eine gleichfarbige Spielmarke. Wenn ein Auto gewonnen hat (z. B. das grüne), legen alle Kinder ihre grünen Marken auf. Es wird verglichen, wer das Auto am weitesten vorwärts schieben konnte (eine Marke = ein Feld). Wer die meisten Marken aufweisen kann, darf beim nächsten Spiel die Spielmarken verteilen.
Materialzusatz: Spielmarken in den 4 Farben der Autos.
b) 12 Mitspieler. Je drei Kinder bilden eine Spielgruppe. Jeder Gruppe wird eine bestimmte Autofarbe zugeordnet. Sie dürfen ihr Auto nur dann vorwärts schieben, wenn sie die entsprechende Farbe gewürfelt haben.
Bei „Weiß" muß das Auto im Rückwärtsgang um ein Feld zurück. (Die Kinder sprechen dazu: „Unser Auto [z. B. gelb] muß ein Feld zurück – es fährt im Rückwärtsgang vom 3. ins 2. Feld.")
Die Kinder erhalten wieder farbige Marken, wenn sie vorwärts fahren, müssen aber bei „Weiß" eine Marke abgeben (von ihrer Farbe). Hat ein Kind der Spielgruppe keine Marke zum Zurückgeben, dann können die anderen beiden aushelfen. Tun sie das nicht, dann bekommt die Gruppe eine weiße Marke.
Sollte zum Beispiel das gelbe Auto zuerst am Ziel sein, dann wird außerdem noch geprüft, wieviel weiße Marken die Gruppe hat (mit den anderen Gruppen vergleichen lassen). Sie muß auf Grund der weißen Strafpunkte noch einmal die entsprechende Anzahl von Feldern zurück, gibt dann aber ihre weißen Marken ab. Das Spiel geht weiter, und die Gewinnchancen bestehen für alle, besonders dann, wenn sie sich gegenseitig aushelfen. Gewinner ist die Gruppe, die zuerst am Ziel ist und die wenigsten oder gar keine Strafmarken (weiß) hat.
Materialzusatz: Außer den farbigen Spielmarken kommen noch weiße dazu.
c) Das Spiel verläuft wie Variante b), doch bei „Weiß" darf das Auto der bestimmten Spielgruppe 2 Felder vorwärts fahren. („Unser rotes Auto darf jetzt 2 Felder weiter, es steht im 5. Feld und fährt ins 6. und 7.

Feld.") Hier kann die ganze Spielgruppe dem einzelnen Kind helfen (zählen und sprechen). Gewinner ist die Gruppe, deren Auto zuerst im 10. Feld ist.

Alle Tiere laufen ins große Gatter

Aufgabe: Die Kinder zählen nach Lautsignalen von 1 bis 4. Sie üben das Abzählen und Zusammenziehen zu einer Gesamtsumme. Sie verbinden Tierart mit Tierlauten. Sie sprechen Vokale wie ä richtig aus und arbeiten in Partnerschaft zusammen.
Material: 12 kleine Gatter (Faltschnitt) und 1 großes Gatter. 10 Tiere von je einer Art (Faltschnitte: Schweine – Hunde – Katzen – Schafe – Hühner – Enten), die vorher in Beschäftigungen von den Kindern selber hergestellt werden können.
Oder: Gatter mit Bausteinen (Quader) darstellen und kleine Holztiere verwenden.
Spielverlauf: Je zwei Kinder spielen zusammen. Sie haben ein Gatter mit 10 Tieren *einer* Art vor sich. Der Spielführer hat ein großes leeres Gatter vor sich. Alle Tiere sollen wieder ins große Gatter kommen – sie sind fortgelaufen. Der Spielführer ruft: „Miau – Miau!" Die beiden Kinder, die Katzen in ihrem Gatter haben, müssen reagieren, und eins sagt: „Du hast die Katzen gerufen, *zwei* Katzen kommen jetzt zu dir ins große Gatter!"
Das Spiel geht weiter! Der Spielführer kann rufen: „Gack – Bäh – Wau!" (Er kann auch die Namen der Tiere nennen.) Nun müssen sich gleich drei Kindergruppen melden und je ein Tier in den Stall schicken. Beim Aufrufen müssen sie schon die Tiere anfassen und herausstellen. Wer falsch reagiert, zum Beispiel ein Tier herausstellt, das nicht gerufen wurde, muß es außerhalb seines Gatters stehenlassen und darf es erst wieder hereinholen, wenn es erneut gerufen wird. Dafür darf das Kind diesmal kein Tier ins große Gatter abgeben.
Gewonnen hat die Gruppe, die zuerst alle ihre Tiere in das große Gatter geschickt hat.
Varianten: a) 10 Mitspieler. Alle Tiere sind im großen Gatter. Vor den Kindern stehen kleine Gatter (zwei Kinder haben eines zusammen zu verwalten). Das erste Kind würfelt zum Beispiel 00 – es muß sagen: „Ich habe 2 Punkte gewürfelt und möchte ein Schweinchen und eine Ente." Das Kind erhält sie aus dem großen Gatter, das von einem Kind verwaltet wird. Wer zuerst 10 Tiere in seinem Stall hat, ist Gewinner des Spiels. Es ist auch möglich, für die Tiere Preise festzulegen: Schwein 00 = 2 Marken, Huhn 0 = 1 Marke, Hund 000 = 3 Marken usw. Würfelt ein Kind zum

Beispiel 3 Punkte, kann es wählen, ob es ein Schwein und ein Huhn, nur einen Hund oder 3 Hühner kaufen will.
Materialzusatz: ein Würfel mit 0 – 00 – 000 – 0000 Punkten (lineare Anordnung).
b) Je zwei Kinder haben ein leeres Gatter vor sich. Alle Tiere sind im großen Gatter (von jeder Art 10 Tiere). Die Kinder geben nacheinander an, welche Tiere sie haben wollen. Sie dürfen jedesmal 2 verschiedene Tiere benennen (mit dem Tierlaut) und müssen sich vorher einigen, *welche* sie haben wollen. Zum Beispiel sagt ein Kind der Gruppe „Wau" und das andere „Bäh". Wenn eine Gruppe an der Reihe ist, die sich nicht darüber einig werden kann, was sie braucht, dann geht das Spiel weiter – sie wird ausgelassen. Gewinner ist das Paar, das zuerst 10 Tiere im Gatter hat, aber von jeder Sorte nur 2. Es muß dann alle Tiere in einer Reihe aufstellen und sagen: „2 Enten – 2 Hühner – 2 Schafe usw. sind zusammen 10 Tiere."
Bei dieser Variante müssen die beiden Kinder eng zusammenarbeiten, da sie sonst nicht zum Erfolg kommen.
c) Der Ordnungscharakter der Zahl wird besonders geübt. 8 bis 10 Mitspieler.
Jedes Kind hat ein Gatter mit 6 verschiedenen Tieren vor sich stehen. Der Spielleiter würfelt (kann auch ein Kind sein) und ruft die erwürfelte Anzahl der Punkte aus. Jedes Kind zählt seine Tiere bis zur genannten Zahl. Zum Beispiel wurden 4 Punkte gewürfelt – alle Kinder zählen bis zum 4. Tier und halten es fest. Jetzt sagt der Spielführer die Tierart an, zum Beispiel Schweinchen. Die Kinder prüfen, ob ihr 4. Tier ein Schweinchen ist. Wenn das der Fall ist, darf es ins große Gatter gegeben werden. Dafür erhält das Kind eine Spielmarke, die es an den leergewordenen Platz legen kann. Sind alle Tiere aus dem Gatter, hat es dafür 6 Spielmarken liegen. Es kann und muß sie ebenfalls zählen. Gewinner ist, wer zuerst alle Tiere aus seinem Gatter gegeben hat.
Materialzusatz: ein Würfel bis zu 6 Punkten (übliches Spiel), Spielmarken (60 Stück).

Unsere Püppchen fahren Karussell

Aufgabe: Die Kinder zählen und klatschen dabei, erkennen Mengen im Zahlenraum bis 4 und wenden Farbkenntnisse an. Gutes Zusammenspiel der Gruppe ist notwendig.
Material: viermal 4 Seidenpapier- oder Faltschnittpüppchen in verschiedenen Farben. 3 Karussells aus einer Grundplatte mit einem Stäbchen in der Mitte, darauf eine große Garnrolle, über die 2 Kartonstreifen geklebt

werden, an deren Ende ein kleiner Sitz befestigt ist. Haltevorrichtung für die Püppchen schaffen! 2 Würfel (ein Farbwürfel mit 4 Farbfeldern und 2 weißen Feldern – ein Würfel mit je 0 oder 00 oder 000 Punkten auf zwei Flächen). An dem Stäbchen, das aus der Garnrolle herausragt, muß ein kleiner Wimpel mit 0, 00, 000 Punkten wie beim Würfel befestigt sein.
Spielverlauf: 12 Mitspieler (3 Spielgruppen zu 4 Kindern). Jedes Kind hat 4 Seidenpapier- oder Faltschnittpüppchen von verschiedener Farbe vor sich. Vor je 4 Kindern steht ein Karussell. Der Spielführer würfelt mit dem Farbwürfel zum Beispiel „Rot" und sagt: „Alle roten Püppchen halten sich bereit!"
Die Kinder fragen: „Welches Karussell fährt?"
Der Spielführer würfelt nun mit dem Punkte-Würfel und gibt bekannt: „Es fährt das Karussell mit den 2 Punkten." Die Kinder des 2. Karussells setzen ihre roten Püppchen in die Sitze. Ein Kind der Gruppe setzt das Karussell in Bewegung (nur einen Anstoß), und alle Kinder singen dazu: „Die roten Püppchen fahren Karussell." Sie wiederholen diesen Satz, bis das Karussell stehenbleibt. Der Spielführer zählt, wievielmal die Kinder den Satz singen konnten. Die Gruppe erhält ebensoviel rote Spielmarken.
Das Spiel geht weiter, wobei etwa sechsmal gespielt wird. Dann werden die erworbenen Spielmarken aufgelegt, und jede Gruppe stellt fest, welche Püppchen am längsten und am häufigsten fahren konnten. Zur Kontrolle legen alle drei Gruppen ihre Marken auf und vergleichen, wer jeweils von den verschiedenen Farben die meisten Spielmarken hat. Die Gruppe mit den meisten Marken einer Farbe hat gewonnen. Sie bestimmt ein Kind, das nun würfelt und das erste Kind ablöst.
Varianten: a) Die Spielgruppen werden aufgelöst, aber je 4 Kinder dürfen ihre Püppchen nur auf einem Karussell fahren lassen. Der Spielleiter ruft: „Stellt eure Püppchen auf!" Die Kinder ordnen ihre Püppchen beliebig nach Farben nebeneinander. Nun würfelt der Spielleiter – zum Beispiel 00 Punkte. Er ruft: „Das Karussell mit den 2 Punkten – die zweiten Püppchen fahren." Das können nur am 2. Karussell 4 verschiedenfarbige Püppchen sein. Wieder klatschen und singen die Kinder: „Unsere Püppchen fahren auf dem Karussell!" Wieder werden für die Anzahl der Fahrten (nach dem Schwung der Drehung möglich) Spielmarken für jedes Kind dieser Gruppe ausgegeben. Fuhren die Püppchen zweimal, dann erhalten die Kinder je 2 Spielmarken in den Farben ihres Püppchens, das gefahren ist.
Die Kinder ordnen nun ihre Püppchen und Spielmarken: An 4. Stelle muß immer das Püppchen stehen, das zuletzt gefahren ist. Gewonnen hat nachher das Püppchen, das am meisten gefahren ist.

b) Spiel bleibt im Prinzip wie vorher, nur kommt hinzu, daß beim Würfeln der leeren Felder der Spielleiter rufen darf: „Alle Karussells fahren – jedes Kind kann ein beliebiges Püppchen draufsetzen!“
In diesem Fall bestimmt der Spielleiter für jedes Karussell ein Kind, das es drehen darf. Für jede Fahrt erhält jedes Kind nur eine Spielmarke, weil hierbei nicht gezählt wird, wie oft das Karussell sich drehte. Bei diesen Spielen kann sich der Spielleiter einen Helfer auswählen, der die Spielmarken verteilt und bei Variante b) das jeweilige Karussell dreht.
Das Spiel verlangt eine straffe Führung, macht aber den Kindern viel Freude.

Wir angeln Kästchen

Aufgabe: Die Kinder zählen und ordnen im Zahlraum bis 6. Farbkenntnisse werden angewandt. Geschicklichkeit wird gefordert. Einordnen in die für alle geltende Regel ist notwendig.
Material: viermal 10 Kästchen in verschiedenen Farben (Faltkästchen – Streichholzschachteln), mit einem Faden umschnürt, der oben in eine Schleife mündet. Für jedes Kind einen Kartonstreifen, auf dem wenigstens 6 Kästchen – in kleinen Abständen zueinander – Platz haben. Als Angel ein kurzes Stöckchen, an dessen oberem Ende ein kleiner Drahthaken befestigt wurde.
Eine Eingrenzung für die Kästchen, die auch übereinander liegen können.
Spielverlauf: 10 Mitspieler. In der Mitte des Tisches liegen in einer Umrandung die 40 umschnürten Kästchen. Für die Kinder gilt es, in einer bestimmten Zeit mit einer Angel ein Kästchen herauszuheben und es auf den Streifen zu stellen, der vor jedem Kind liegt.
Das erste Kind nimmt eine Angel, sucht sich mit den Augen ein Kästchen und darf es nur mit der Angel, nicht mit den Händen berühren. Wenn das Kind die Angel hat, klatschen alle Kinder und sprechen dazu: „Eins – zwei – drei, nun ist's vorbei!“ (Spielführer gibt Tempo an.) Hat der Angler es bis „vorbei“ nicht geschafft, muß er die Angel weitergeben, ohne ein Kästchen erworben zu haben. Hat er ein Kästchen bis auf seinen Streifen gebracht, dann darf es bei ihm bleiben.
Das Spiel geht weiter, bis alle Kästchen fortgeangelt wurden. Nun werden sie auf dem Streifen geordnet (nach Farben und Mengen), jedes Kind zählt seine Kästchen und sagt laut, wieviel es hat. Dabei wird verlangt, daß es angibt: „Ich habe 2 rote Kästchen, 1 blaues Kästchen und 1 grünes Kästchen geangelt, zusammen sind es 4 Kästchen.“
Wer die meisten Kästchen hat, ist der Gewinner des Spiels. Es kann auch

vorkommen, daß ein geschicktes Kind in der zur Verfügung stehenden Zeit 2 Kästchen angelt – das ist möglich.

Varianten: a) Päckchen mit gleichen Farben, aber verschiedenen Formen (Würfel – Walze – Kugel) liegen in der Mitte des Tisches. Das Spiel verläuft wie vorher, nur gilt es, möglichst viele Päckchen *gleicher Form* zu angeln. Gewinner ist, wer die meisten Päckchen *einer Form* geangelt hat. Er muß sie ordnen, auflegen und sagen, wie viele es sind und aus welchen verschiedenen Formen sich die Menge zusammensetzt.

b) Die Päckchen haben gleiche Farben, gleiche Formen (Würfelform), weisen aber auf der sichtbaren Fläche Punkte von 0 bis 0000 in verschiedener Anordnung auf. Jedes Kind muß bestrebt sein, sich eine Reihe aufeinanderfolgender Punkte aufzubauen.

So wird die Simultanauffassung geschult: Die Kinder müssen vor dem Angeln mit den Augen das jetzt notwendige Päckchen auswählen und können wegen der Zeitbegrenzung nicht immer erst nachzählen. Spielverlauf ist wie beim ersten Spiel. Es wird viermal gespielt und dann überprüft, wer seine Reihe schon richtig aufgebaut hat. Derjenige ist Gewinner.

c) Die Päckchen haben gleiche Formen, aber verschiedene Farben (4 Farben). Die Päckchen einer Farbe haben Punkte auf der sichtbaren Fläche von 1 bis 6 (in Anordnung der Würfelpunkte).

Spielverlauf wie vorher. Sieger ist, wer die meisten Päckchen einer Farbe und einer bestimmten Menge von Punkten hat, zum Beispiel vier rote Päckchen mit je 3 Punkten.

Beim Nachprüfen müssen die Kinder wieder ordnen und vergleichen und das Resultat bekanntgeben. Hier empfiehlt es sich, dies durch Auflegen der von jedem Kind genannten größten Menge zu kontrollieren.

Alle Kugeln rollen

Aufgabe: Die Kinder erleben das Zusammensetzen einer Menge aus Eins-Elementen. Sie zählen und teilen eine Gesamtmenge wieder auf. Mit dem Wortsignal wird eine Mengenvorstellung verbunden. Geschicklichkeit wird geübt und Konzentration gefördert. Ehrliches Spiel wird verlangt.

Material: 100 Kugeln (je 20 in einer bestimmten Farbe). Kleine Stoffsäckchen, die sich leicht auf- und zuziehen lassen. 10 aus Kartonpapier gefaltete Rinnen oder aus Holz hergestellte Stege mit Seitenleisten. Eine runde Papp- oder Spanschachtel, die 100 Kugeln fassen kann.

Spielverlauf: 10 Mitspieler. Jedes Kind hat in einem Säckchen 10 Kugeln oder Murmeln, von denen immer zwei die gleiche Farbe haben. Das Spiel kann im Sandkasten gespielt werden. Die Kinder sitzen auf dem breiten

Rand des Kastens und haben eine gefaltete Rinne vor sich, die schräg in die Mitte des Sandkastens zu einer runden Schachtel führt. Der Spielleiter ruft: „Öffnet das Säckchen, und legt 1 rote Kugel auf!" Die Kinder wählen die verlangte Kugel aus und legen sie auf eine glatte Stelle am Anfang ihrer Rinne. Wer sie zuerst aufgelegt hat (Spielführer beobachtet und ruft den Namen des Kindes), darf sie die Rinne hinunterrollen lassen. Die anderen stecken die Kugel ins Säckchen zurück. Das Spiel geht weiter. Der Spielführer ruft: „Öffnet das Säckchen, und legt 1 grüne und 1 blaue Kugel auf!" usw.

Wer alle seine Kugeln zuerst in der Mitte hat, hat gewonnen. Er darf die in der Mitte befindlichen Kugeln an die Kinder verteilen, bis jedes Kind wieder 10 Kugeln in zwei verschiedenen Farben hat.

Varianten: a) Spielgestaltung wie vorher. Nur hat jedes Kind ein Kärtchen mit dem Bild, das seinen Haken im Waschraum oder an anderer Stelle kennzeichnet. Der Spielführer ruft nicht den Namen des Kindes, sondern zum Beispiel: „Öffnet die Säckchen – ‚der Ball' rollt 2 blaue Kugeln in die Mitte!" Alle Kinder beginnen zu rufen: „Eins – zwei – drei – nun ist's vorbei!" Wenn das Kind in dieser Zeit die Kugeln nicht in der Mitte hat, geht das Spiel weiter.

Materialzusatz: Bilder zum Umhängen für 10 spielende Kinder. Einsatz für die große Spanschachtel in der Mitte, der sie in 10 Felder teilt (für jedes Kind eins) und zu dem auch die Laufrinne für die Kugeln hinführt. Der Spielführer kann leichter kontrollieren, welches Kind er aufrufen muß, um möglichst gleiche Bedingungen zu schaffen.

b) 8 Mitspieler. Simultanauffassung bis 4 wird geübt: Jeder Mitspieler hat 8 Kugeln in 4 verschiedenen Farben. Je 2 Kinder haben ein Kärtchen um den Hals gehängt, das Punkte von 0 bis 0000 in verschiedener Anordnung aufweist. Jürgen hat ein Kärtchen mit 000 Punkten und Monika eins mit 00 Punkten usw. (bei allen acht Kindern).

Der Spielführer hebt ein Kärtchen hoch, und die Kinder vergleichen, ob es das ihre ist. Das betreffende Kind muß sich melden. Dann kommt die Aufforderung: „Öffne das Säckchen – rolle 2 blaue Kugeln in die Mitte." Die Kinder sprechen wieder: „Eins – zwei – drei – nun ist's vorbei!" Gelingt es Monika, in dieser Zeit die verlangten Kugeln in die Mitte zu rollen, hat sie schon 2 Kugeln weniger. Wer eine falsche Anzahl rollt, muß sie zurücknehmen. Wer vorzeitig rollt, ohne daß er an der Reihe ist, muß eine Kugel mehr aus der Mitte nehmen.

Gewonnen hat, wer alle seine Kugeln weggerollt hat.

Materialzusatz: 8 Kärtchen mit langer Schlinge zum Umhängen mit den Punkten 0, 00, 000, 0000. Je 2 Kinder haben die gleiche Anzahl der Punkte, aber eine verschiedene Anordnung.

Diese Spiele können sehr vielseitig variiert werden. Immer sind alle Kinder bei der Sache, weil sie mitkontrollieren können. Die Signale (Erzieherin spricht, und Kinder sprechen) aktivieren alle Kinder. Als erschwerendes Moment kann das Tempo erhöht, bei ohnehin schwierigen Teilen der Spiele dagegen auch verlangsamt werden.

Der bunte Farbenkreis

Aufgabe: Die Kinder festigen ihre Farbkenntnisse und üben sich im Zählen (bis 6).
Material: 6 große Karten mit kreisförmig angebrachten bunten Punkten. Auf jeder Karte muß jede Farbe (Rot, Blau, Gelb, Grün, Schwarz, Weiß) vertreten sein, aber in unterschiedlicher Anzahl der Punkte. Es muß auf einer Karte zum Beispiel ein roter Punkt vorhanden sein, auf der zweiten Karte müssen es zwei sein, bis auf der sechsten dann 6 rote Punkte im Farbkreis zu sehen sind. Insgesamt sollte aber jede Farbe in den Punktzahlen 1 bis 6 auf den Karten vorhanden sein. Zu jeder Farbkreiskarte gehören 6 rechteckige Spielkarten mit Punktzahlbildern von 1 bis 6 in einer Farbe, weiter benötigen wir 1 Farbwürfel mit den genannten Farben.

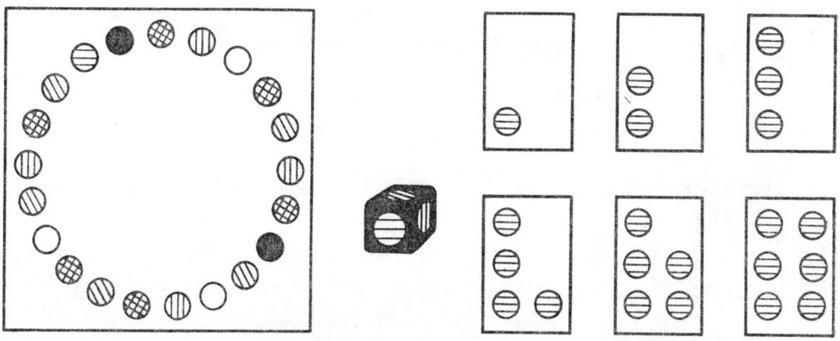

Spielverlauf: Die 6 Farbkreiskarten werden unter die Kinder verteilt, während die kleinen Karten mit den Punktzahlbildern übersichtlich in der Mitte des Tisches aufgelegt werden. Nun wird reihum gewürfelt. Der Farbwürfel zeigt an, welche farbigen Punkte das Kind zu zählen hat. Ist zum Beispiel Weiß gewürfelt worden, so zählt das Kind die auf seiner Karte befindlichen weißen Punkte, nimmt die entsprechende Punktzahlkarte und legt sie in die Mitte eines Kreises. Wer zuerst seine 6 verschiedenfarbigen Punktkarten dem Farbkreis entsprechend aufgelegt hat, ist Gewinner.

*Zahlenlotto**

Aufgabe: Die Kinder vergleichen und zählen Mengen im Zahlenraum bis 6 und vertiefen ihre Farbkenntnisse.
Material: 6 Lottokarten mit 6 Feldern, in denen verschiedenfarbige Punktzahlbilder von 1 bis 6 zu sehen sind, dazu passende Deckkarten mit übereinstimmenden Zahlbildern.

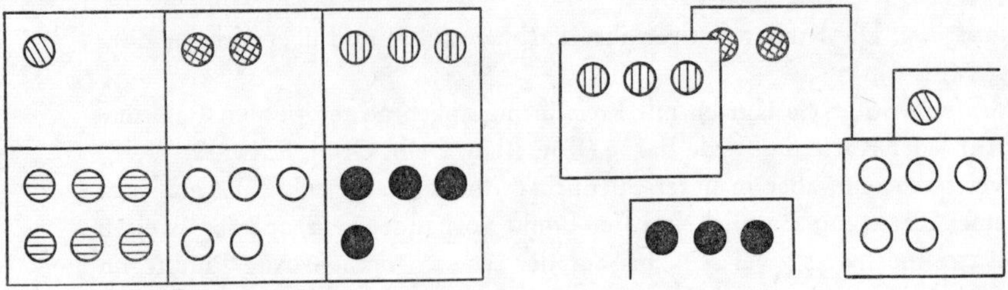

Spielverlauf: Das Spiel wird wie jedes Lotto gespielt. Zuerst werden die Deckkarten hochgehalten, und die Kinder melden sich, die genauso viele Punkte auf ihrer Karte haben. Später wird nur noch die Anzahl der Gegenstände genannt. Als Regel gilt: Jedes Kind, das ein Kärtchen erhält, nennt die Anzahl der Punkte und die der Gegenstände, zum Beispiel: „Wir haben 3 Punkte, darauf lege ich eine Karte mit 3 Kirschen.“

Ballspiel

Aufgabe: Die Zahlwortreihe bis 10 wird gefestigt.
Material: ein Ball.
Spielverlauf: Die Kinder bilden einen Kreis. Die Erzieherin steht in der Mitte als Spielführer. Sie wirft einem Kind den Ball zu und ruft dabei „eins“. Das Kind ruft „zwei“ und wirft den Ball zurück. Die Erzieherin wiederholt den Spielvorgang, bis alle Zahlen in der Reihenfolge von 1 bis 10 genannt sind.
Variante: Die Erzieherin ruft eine beliebige Zahl, zum Beispiel „drei“, und wirft einem Kind den Ball zu; das Kind zählt weiter bis zur letzten bereits erlernten Zahl und wirft den Ball zurück.

Wer kann zählen?

Aufgabe: Die Kinder vergleichen und zählen Mengen im Zahlenbereich 1 bis 10.
Material: 12 Grundkarten, in 3 Felder geteilt; auf jedem Feld einfache

Darstellung von Gebrauchsgegenständen, Obst oder Blumen in verschiedener Anzahl (Zahlbereich 1 bis 10). Die Zahlen können sich wiederholen, zum Beispiel zwei Äpfel, zwei Handschuhe. Man kann die Darstellungen zeichnen oder ausschneiden und aufkleben. Außerdem fertigt man noch für jede Grundkarte entsprechende einzelne Deckkarten an, also 36 Stück (je Karte 3).
Auf der Rückseite kann man entsprechende Punktzahlbilder anbringen, so daß das Spiel weitere didaktische Aufgaben erfüllen kann.

Spielverlauf: Die Grundkarten werden verteilt; der Spielleiter ruft nacheinander die Deckkarten aus, die Kinder zählen die dargestellten Formen, suchen sie auf ihrer Karte, vergleichen sie. Stellt ein Kind die Übereinstimmung in Zahl und Gegenstand fest, benennt es diese (im Satz), erhält die Deckkarte und legt sie auf die Grundkarte. Wer zuerst alle Felder abgedeckt hat, ist Gewinner.
Varianten: a) Die Erzieherin fragt zum Beispiel: „Wer hat 4 rote Handschuhe?", ohne die Deckkarten zu zeigen.
b) Die Deckkarte wird gezeigt, ohne etwas zu fragen.
c) Die Grundkarten werden mit den Punktzahlbildern nach oben gelegt, die Kinder zählen die Anzahl der auf der Deckkarte gezeigten Gegenstände und legen sie entsprechend auf.
d) Es wird nur mit Punktzahlbildern gearbeitet.
e) Karten mit Ziffern können zusätzlich verwendet werden.

*Die Zähluhr**

Aufgabe: Die Kenntnisse der Kinder von den Beziehungen einer Zahl zu benachbarten Zahlen werden gefestigt, das Erfassen der Zahl nach Gehör wird geübt.

Material: für jedes Kind eine Zähluhr mit Punktzahlbildern von 1 bis 10 und einem Zeiger (Pappscheibe ∅ 20 cm); eine Trommel.
Spielverlauf: Jedes Kind erhält eine Zähluhr mit Zahlbildern. Die Kinder betrachten die Scheibe, zählen die Kreise, die als Zahlensymbole darauf verteilt sind, und verschieben den Zeiger. Die Erzieherin erklärt, wozu der Zeiger dient. Sodann gibt sie ihnen den Auftrag, den Zeiger dorthin zu drehen, wo ein Kreis eingezeichnet, wo zwei, drei, vier, fünf Kreise eingezeichnet sind. Die Erzieherin nennt eine Zahl, die Kinder müssen auf ihrer Zähluhr das entsprechende Zahlbild einstellen. Dann nennt die Erzieherin die Zahlen durcheinander: zwei, vier, eins, drei, fünf. Die Kinder stellen den Zeiger auf die betreffenden Zahlen.
Sie nimmt die Trommel und erklärt: „Jetzt hört aufmerksam zu, und zählt für euch. Je nachdem, wie oft ich die Trommel schlage, so stellt ihr den Zeiger!"
Sie schlägt der Reihe nach ein-, zwei-, drei-, vier-, fünfmal, dann durcheinander. Jedesmal prüft sie, ob richtig gezählt worden ist, und berichtigt die Fehler. Sodann läßt sie einzelne Kinder auf die Trommel schlagen. Alle Kinder zeigen mit dem Zeiger die Anzahl der Schläge, die sie gehört haben. Wenn eine Zähluhr beziffert wird, kann zu dem Schlagen auf die Trommel noch hinzukommen, daß die Kinder die entsprechende Menge aus Muggelsteinen legen (7 = 7 Steine), damit mit der jeweiligen Ziffer auch die entsprechende Menge verbunden wird. Die Erzieherin nennt eine Zahl, die Kinder müssen auf ihrer Zähluhr die Zahl *danach* oder *davor* einstellen und benennen. Zur Festigung der Kenntnisse von den Zahlen zeigt die Erzieherin eine Karte mit aufgedruckter Ziffer hoch, die Kinder stellen auf der Uhr das entsprechende Zahlbild ein.
Wenn den Kindern der Umgang mit dieser Uhr vertraut ist, erzählt die Erzieherin eine Geschichte, in der Tätigkeiten, Laute, Menschen oder auch Uhrzeiten gezählt und von den Kindern auf der Uhr eingestellt werden müssen.
Beispiel: „Ich hörte den Wecker klingeln: rr, rr, rr. Zum Frühstück aß ich zwei Brötchen. Dann ging ich fünf Stufen hinauf zum Kindergarten. An der Tür bellte ein Hund: wau, wau, wau. Ich klopfte an: poch, poch", usw. Als das Spiel erschwerende Regel kann hinzukommen, daß eine Zahl weniger oder die nächste in der Zahlenreihe eingestellt wird: Bellt der Hund dreimal, muß die 4 eingestellt werden.
Wer etwas falsch macht, erhält einen Muggelstein. Wer die wenigsten Steine hat, hat gewonnen.

Was tun wir?

Aufgabe: Die Kinder üben sich in der Zahlauffassung. Sie stellen eine Zahl in Bewegungen dar.
Material: Kärtchen mit verschiedenen Zahlbildern werden benötigt. Neben die Symbole ist jeweils das Bild eines Gegenstandes gezeichnet, der für eine bestimmte Tätigkeit gebraucht wird: Werkzeuge, Gebrauchsgegenstände, Musikinstrumente und anderes.
Spielverlauf: Die Karte wird gezeigt, und nach einem bestimmten Zeichen müssen alle Kinder die entsprechenden Bewegungen ausführen (dreimal mit dem Hammer schlagen usw.). Beim ersten Versuch benennt immer ein Kind den Gegenstand und führt die Bewegung vor. Die Kinder können auch erzählen, wer dieses Gerät verwendet usw.
Wettbewerb der Kinder: Wer die Zahl nicht genau darstellt, scheidet aus dem Spiel aus oder erhält eine Sonderaufgabe.

Die verbotene Zahl

Aufgabe: Die Kinder üben sich in der schnellen Zahlauffassung; dabei wird das Reaktionsvermögen gefördert.
Material: verschiedene Zahlbildkarten.
Spielverlauf: Für alle Zahlen, die bisher erarbeitet wurden, haben wir verschiedenartige Zahlbildkarten. In der täglichen Übung werden sie immer wieder gezeigt.
Hier kann die Spielregel lauten: Eine festgelegte Zahl darf nicht laut gesprochen werden! Die Erzieherin zeigt die Kärtchen (Tempo allmählich steigern) oder zeigt auf Zahlbilder, die angemalt wurden, und die Kinder nennen die Zahlwörter. Bei der vorher bestimmten Zahl schweigen alle (oder klatschen, schließen die Augen). Wer trotzdem spricht, steht auf.
Nach den ersten Versuchen übt die Erzieherin zunächst noch einmal allein mit den Kindern, die die „verbotene Zahl“ nannten, bis alle das Spiel verstanden haben.

Wer hat auch soviel?

Aufgabe: Die Kinder üben sich in der Zahlauffassung (1–10) und lernen, Zahlbilder schnell zu überschauen und auszusondern.
Material: eine größere Anzahl Karten mit Zahlbildern.
Spielverlauf: Für jeden Zahlbegriff werden mehrere Kärtchen benötigt. Dabei verwenden wir immer andere Symbole und Anordnungen:

Alle beteiligten Kinder – wir spielen in kleineren Gruppen – erhalten je 8 Karten. Vorher wurden die Karten mit den unterschiedlichen Punktzahlen gut gemischt. Ein Kind nennt eine Zahl oder zeigt die erste Karte und legt sie auf den Tisch. Wer Karten mit der gleichen Punktzahl hat, darf diese ebenfalls ablegen. Die neue Zahl bestimmt immer das Kind, das zuerst ablegte. Wenn alle Kinder ihre Karten weglegen konnten, ist das Spiel beendet.

Zuordnen der Ziffer zum Zahlbild

*Spiele mit Zifferntafeln**

Aufgabe: Die Kinder üben das Zuordnen der Ziffer zur Menge im Zahlenraum 1–10.
Material: für jedes Kind einen Satz Zifferntäfelchen mit den Zahlen 1 bis 10, für die Erzieherin einen Satz Punktzahltäfelchen mit Mengen von 1 bis 10 (in Punkten oder Kreisen dargestellt).
Spielverlauf: Die Kinder erhalten Zifferntäfelchen und legen sie geordnet von links nach rechts auf den Platz. Die Erzieherin hebt eine Karte mit einem Zahlbild hoch (es kann auch eine Anzahl von Gegenständen ausgestellt werden bzw. eine Menge gleichartiger Abbildungen, die an die Tafel geheftet werden), die Kinder bestimmen die Menge und zeigen das entsprechende Zifferntäfelchen. Nach den ersten Übungen kann das Tempo gesteigert werden. Nach drei Tamschlägen zum Beispiel müssen alle die Karte hochgezeigt haben. Wer es nicht geschafft hat, erhält eine Spielmarke. Die Spielmarke kann das betreffende Kind wieder abgeben, wenn es einmal die Zifferntafel als erstes hochzeigt.
Variante: Es wird nicht mehr mit Abbildungen gearbeitet, sondern Reime und Geschichten, in denen Zahlen vorkommen, werden von der Erzieherin oder den Kindern vorgetragen. Danach müssen die Ziffernkärtchen hochgezeigt werden.

Ziffernlotto

Aufgabe: Die Kinder üben sich im Zuordnen der Ziffer zu dem richtigen Zahlenbild.
Material: Ziffern- und Zahlbildkärtchen.
Spielverlauf: Zunächst legen wir die 10 Zahlbilder aus und suchen die richtigen Ziffern dazu (oder umgekehrt). Jedes Kind erhält gleich viel Zahlbild- und Ziffernkärtchen – zuerst wenige, 3 oder 4, später mehr. Die restlichen Kärtchen liegen in der Mitte. Nacheinander legen die Kinder

von ihrem verdeckten Stoß ein Ziffernkärtchen offen hin. Kann das nächste Kind das dazugehörige Zahlbild darauflegen, werden die Kartenpaare abgelegt. Hat es nicht das passende Kärtchen, kommt das nächste Kind an die Reihe. Wer eine Karte decken kann, legt eine andere Karte aus und nimmt sich eine neue aus der Mitte. Wer zuerst alle Karten ablegen kann, hat gewonnen.

Finde dein Haus!

Aufgabe: Die Kinder lernen, eine Menge der gesprochenen und gedruckten Ziffer zuzuordnen.
Material: Zahlbildkarten zum Umhängen, ebenfalls Karten mit Ziffern. Größere Schilder mit Zahlbild oder Ziffern, die an die Stühle gehängt, beziehungsweise große Tafeln, als Haus gekennzeichnet, die an die Stühle gelehnt werden.

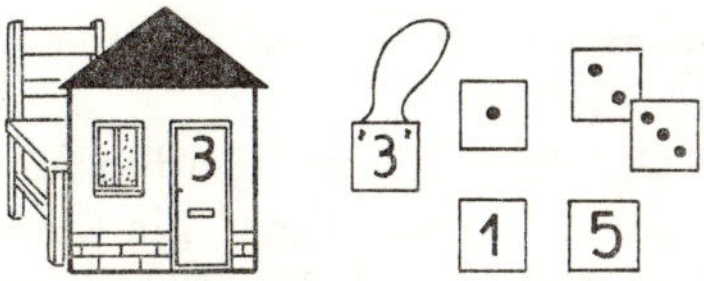

Spielverlauf: Eine beliebige Anzahl von Stühlen wird aufgestellt und mit Schildern versehen (mit Zahlbildern oder mit Ziffern). Die Kinder erhalten ebenfalls Umhängekarten (mit Zahlbildern oder mit Ziffern). Wenn zum Beispiel die Häuser (Stühle) mit Ziffern versehen sind, dann erhalten die Kinder Umhängekarten mit Zahlbildern. Die Kinder gehen im Raum spazieren. Die Erzieherin ruft: „Die Kinder mit der 7 und der 8 suchen das Haus!“ Die genannten Kinder stellen sich hinter den entsprechenden Stuhl, die übrigen kontrollieren. Alle gehen dann wieder spazieren und warten auf den Zuruf des Spielführers, der später auch ein Kind sein kann.
Varianten: a) Die Stühle werden nicht in zahlenmäßiger Reihenfolge aufgestellt. Die Erzieherin klopft zum Beispiel fünfmal auf die Handtrommel und sagt: „Alle Kinder, die eine Karte mit 5 Punkten haben, suchen ihr Haus.“ Schnell stellen sich die betreffenden Kinder hinter dem Stuhl, „ihrem Haus“, auf. Alle anderen setzen sich auf ihren Platz. Menge und Ziffer werden gemeinsam verglichen. Dabei wird festgestellt, ob sich auch niemand „verlaufen“ hat. Die Geschwindigkeit kann gesteigert werden, oder es können zwei bis drei „Häuser“ auf einmal gefunden werden. Die „Häuser“ können auch mit Fähnchen gekennzeichnet werden. Die Kinder tauschen nach einigen Spielen ihre Zahl untereinander aus.

b) Zwei Kinder mit je einem Zahlbild laufen gemeinsam durch das Zimmer. Nach einem Zeichen müssen sie das Haus mit der Ziffer finden, die den beiden Zahlbildern entspricht. Es können mehrere Kinder in einem Haus wohnen, zum Beispiel Haus Nr. 6: 00 und 0000 oder 00000 und 0 oder 00 und 000.

Wo sind meine Nachbarn?

Aufgabe: Die Kinder müssen erkennen, daß jede Zahl einen bestimmten Platz in der Folge einnimmt. Das Suchen der Nachbarzahlen (Vorgänger und Nachfolger) hilft ihnen dabei.
Material: Zahlbild- oder Ziffernkarten.
Spielverlauf: Die Erzieherin verteilt an zehn Kinder Zahlbildkarten (oder auch Ziffernkarten von 1 bis 10). Ein Kind wird vorgerufen, zeigt sein Zahlbild (seine Ziffer) und fragt: „Wo sind meine Nachbarn?“ Die beiden Nachbarn nehmen schnell den richtigen Platz ein. Wer ist der erste? Jenes Kind gewinnt eine Spielmarke, die anderen Kinder kontrollieren und erhalten später die Kärtchen.
Varianten: a) Jedes Kind der Gruppe erhält ein Kärtchen für eine Zahl zwischen 1 und 10 (Zahlbild oder Ziffer) umgehängt. Ein Kind steht auf, zeigt auf seine Zahl und fragt: „Wer steht als Nachbar vor mir?“ Jetzt stehen alle „Vorgänger“ auf, zeigen ihre Kärtchen und stellen sich vor das betreffende Kind. Schnell kann die Erzieherin kontrollieren. Ebenso wird dann nach den „Nachfolgern“ gefragt.
Ein schnelles Tempo kann erreicht werden, wenn die Frage weggelassen wird. Die Aufstellung kann je nach Angabe der Erzieherin in Linie oder Reihe geübt werden. (Vertiefen der Begriffe aus dem Turnunterricht.)
b) Damit – bei einem Kreis von 20 Kindern – alle beschäftigt sind, werden 2 Gruppen gebildet, jeweils 1 bis 10. Die Erzieherin nennt eine Zahl, und dieses Kind sowie die beiden Nachbarzahlen (10 und 1 haben nur eine Nachbarzahl) stellen sich auf. Die Gruppe, die zuerst richtig steht, erhält einen Gewinnpunkt (dieser wird an die Tafel gemalt).
c) Das Spiel kann auch in 2 Etappen bewertet werden. Die Erzieherin ruft zum Beispiel: „5!“ Die Kinder mit dem Zahlbild 5 stellen sich auf einen gekennzeichneten Platz. Wer zuerst richtig steht, erhält einen Punkt für die Gruppe. Dann ruft die Erzieherin: „Linie“ oder „Reihe“, und die übrigen Kinder stellen sich richtig dazu. Die Gewinner erhalten wiederum einen Punkt.
d) Zur Abwechslung kann mit dem gleichen Material, 10 Ziffern- und 10 Zahlbildern, in der Reihenfolge von 1 bis 10 gespielt werden.
„Alle Zahlen finden sich.“ Die Kinder gehen in zwei Kreisen: innen die

Ziffern, außen die Zahlbilder. Auf Tamschlag oder beim plötzlichen Aufhören der Musik stellen sich die zusammengehörigen Kinder schnell zueinander. Das Paar, das sich zuletzt findet, muß ausscheiden. (Die Kinder wechseln die Karten häufig untereinander aus.)

Welche Zahl fehlt?

Aufgabe: Das fehlende Zahlbild in der Folge 1 bis 10 soll von den Kindern rasch herausgefunden werden.
Material: Zahlbild- oder Ziffernkarten, Stäbchen.
Spielverlauf: Die Erzieherin baut eine Reihe von Zahlbild- oder Ziffernkarten so auf, daß eine in der Folge fehlt (Manipermtafel). Alle Kinder halten dabei die Hände vor die Augen. Auf Kommando schauen sie vor und suchen den Fehler in der Zahlenfolge.
Wer ihn gefunden hat, legt die entsprechende Menge mit seinen Stäbchen oder zeigt das betreffende Zahlbild- beziehungsweise Ziffernkärtchen.
Variante: An neun Kinder werden Zahlbild- oder Ziffernkarten in beliebiger Reihenfolge verteilt. Eine Karte hat die Erzieherin behalten, diese Zahl werden die Kinder suchen. Nach einem Zeichen der Erzieherin werden allen Kindern die Karten gezeigt. Wer die fehlende Zahl gefunden hat, sucht das entsprechende Kärtchen heraus oder stellt die Menge mit Stäbchen dar und erhält eine Spielmarke. Die Erzieherin gibt nur die Zahlbild- oder Ziffernkarten aus, die bereits erlernt wurden.

*Irrgartenspiel**

Aufgabe: Die Kinder üben sich darin, die richtige Reihenfolge der Zahlen (Ziffern) zu finden, müssen dabei eine graphische Anordnung überschauen und geschickt ausnutzen.
Spielverlauf: Die Erzieherin schreibt die Zahlen von 1 bis 10 in buntem Durcheinander an die Tafel. Um jede Ziffer wird ein Kreis gezogen. Es gilt, von 1 zu 2, von 2 zu 3 usw. zu fahren, ohne eine schon gezogene Linie zu durchschneiden. Richtig kann nur derjenige ziehen, der die nächste Zahl weiß und die betreffende Ziffer kennt.
Varianten: a) Die Kinder erhalten Zettel, auf denen sie nach Kommando beginnen und dasselbe tun. Die Sieger, die es richtig haben und schnell fertig geworden sind, werden gelobt. Ihre Zettel werden für einen Tag an die Bildleiste gehängt.
b) Es werden zwei Gruppen gebildet (je 10 Kinder), die an zwei Tafeln oder an einer Tafel mit geteilter Fläche der Reihe nach die Striche ziehen. Die Gruppe, die alle Striche richtig gezogen hat und zuerst fertig ist, hat gewonnen.

Erfassen von geometrischen Formen und räumlichen Beziehungen

Schnelles Formenlegen

Aufgabe: Die Kinder sollen Formenunterschiede rasch erkennen, aus Teilen einen Gesamtkomplex zusammenstellen (Synthese) und zählend die Einzelteile benennen (Analyse). Gegenseitige Kontrolle und ehrliches Spiel werden verlangt.

Material: ein Materialschälchen für jedes Kind; darin liegen 12 Legetäfelchen: 2 Rechtecke (5 cm mal 2 $^1/_2$ cm), 2 Vierecke (2 $^1/_2$ cm mal 2 $^1/_2$ cm), 2 kleine Dreiecke (Viereck in der Diagonale zerschneiden), 2 große Dreiecke (Grundlinie wie beim Rechteck 5 cm, Ecken abschneiden), 2 Scheiben (Durchmesser 1,25 cm), 2 halbe Scheiben (volle Scheiben zerschneiden). Eine Umrandung für jedes Kind (halber DIN-A 4-Bogen wird durch 2 Kniffe in 3 Felder geteilt, so daß man ihn aufstellen kann). Etwa 30 goldene Spielmarken. Die Legetäfelchen können farbig sein, doch kann man auch, von einfarbigen ausgehend, zu mehreren verschiedenen Farben steigern, die den Schwierigkeitsgrad des Spiels erhöhen.

Alles Material kann mit den Kindern vorher selbst hergestellt werden. Man kann auch die Holzlegetäfelchen verwenden.

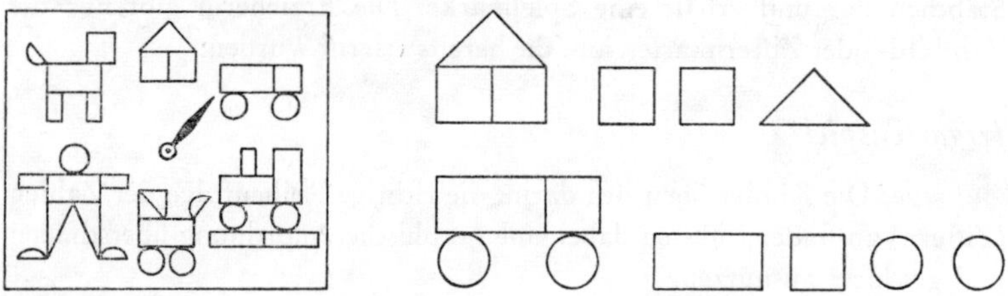

Spielverlauf: Jedes Kind hat das Schälchen mit den 12 Legetäfelchen vor sich.

Zu Beginn des Spiels werden die Formen noch einmal gemeinsam angesehen und benannt. Nun stellt jedes Kind einen gefalteten kleinen Schirm vor sich auf.

Der Spielleiter ruft: „Jedes Kind nimmt ein Viereck und ein Dreieck – alle legen ein Haus!" Wer zuerst fertig ist, hebt seine Umrandung hoch, so daß die gelegte Form sichtbar wird. Die anderen Kinder lassen ihre Umrandung stehen, können aber ihr Werk mit dem des schnellsten Kindes vergleichen. Der Spielleiter fragt das Kind: „Aus wieviel Teilen legtest du das Haus?" Das Kind muß zählen und antworten: „Aus einem Viereck und einem Dreieck, das sind zusammen zwei Teile."

Es erhält bei richtiger Darstellung eine goldene Spielmarke, die es vor sich auf den Tisch legt.
Das Spiel geht weiter. Der Spielleiter ruft: „Jedes Kind nimmt zwei Vierecke und ein großes Dreieck – alle Kinder legen ein Haus!" Spielverlauf wie vorher. (Wenn das Kind an der Form schlecht abzählen kann, muß es die Teile linear auflegen und abzählen. „Jedes Kind nimmt zwei Vierecke und zwei kleine Dreiecke – alle legen zwei Häuser!" Spielverlauf wie vorher, die Kinder müssen die Teile linear auflegen und abzählen.) „Jedes Kind nimmt ein Rechteck und zwei volle Scheiben – alle Kinder legen einen Wagen!"
Es lassen sich noch weitere Formen finden, wie Treppe (2 Rechtecke und ein Viereck) oder eine Lokomotive (2 Vierecke, 1 Rechteck, 2 volle Scheiben und 2 halbe Scheiben) oder ein Futterhäuschen (2 Rechtecke und ein großes Dreieck). Wenn das Spiel etwa zehnmal durchgeführt wurde, werden die goldenen Spielmarken gezählt. Das Kind mit den meisten Marken ist der schnellste Formenleger.
Varianten: a) Der Spielleiter sagt nicht mehr, aus welchen Formen, sondern nur, was gelegt wird. Eine Spielmarke erhält das Kind, das zu seinem Formwerk die meisten Legetäfelchen verwandte und sie auch benennen und zählen kann.
b) Es können noch mehrere Formen hinzugenommen werden, wie halbes Rechteck oder schräg geteiltes Rechteck. Dabei kann man zwei Kinder zusammen spielen lassen, die sich auch gegenseitig helfen können. Ihre goldenen Spielmarken werden zusammengezählt. Es heißt dann: „*Wir* haben gewonnen!"
c) Der Spielleiter kann auch nur ansagen: „Alle Kinder legen ein Haus aus – – – Teilen" (für die Anzahl der Teile wird mit einem Hämmerchen auf den Tisch geklopft). Die Kinder zählen mit. Entweder können sie es anfangs laut tun oder nach Übung nur leise für sich. Sie müssen dann die Endzahl behalten und sich die Teile abzählen. Dies ist eine sehr schwere Variante.
d) Auf dem Tisch liegt ein Brett, in dessen Mitte ein Zeiger angebracht ist. Darauf sind geometrische Formen aufgelegt, die verschiedene Dinge darstellen (Lok, Puppenwagen, Hampelmann, Haus usw.). Diese können aus Velourspapier hergestellt werden.
Die Kinder erhalten die verschiedenfarbigen und verschiedenartigen Legetäfelchen.
Ein Kind dreht, und auf Anweisung dieses Kindes wird das entsprechende Material ausgelegt. Es sagt zum Beispiel: „Legt ein rotes Viereck und ein blaues Dreieck als Haus." Wenn diese Aufgabe erfüllt ist, dreht das nächste Kind.

Der Spielleiter dreht. Wer sofort sagen kann, aus wieviel Teilen das Bild besteht, das der Zeiger anzeigt, darf als nächster drehen, wenn alle Kinder das Bild gelegt haben.

Wir legen einen Hampelmann

Aufgabe: Das Erkennen der Formenunterschiede (geometrische Formen) wird geübt. Farbkenntnisse werden angewandt. Simultanauffassung bis 0000 wird gefordert.

Material: 8 bis 10 Hampelmänner (entweder verschiedene Farben oder je 2 Hampelmänner aus gleichen Farben) aus den folgenden geometrischen Formen:

1 Dreieck	als Mütze
1 halbe Scheibe	als Gesicht
1 Rechteck	als Körper
2 Ellipsen oder auch Ovale	als Arme
2 schmale Rechtecke	als Beine
2 kleine Rechtecke	als Füße

Ein Würfel, bei dem 4 Flächen mit eins bis vier Punkten versehen sind, 2 Flächen sind weiß oder ohne Punkte.

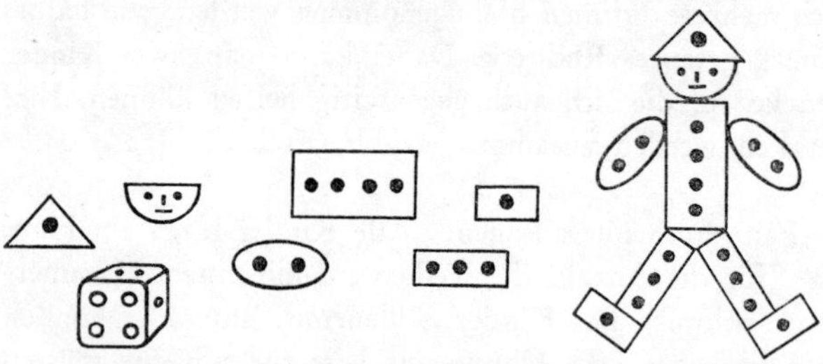

Spielverlauf: 8 bis 10 Mitspieler. Das Spiel kann an mehreren Tischen erfolgen. In der Mitte des Tisches liegen jeweils alle Teile des Hampelmanns durcheinander.

Die Kinder würfeln (als höchste Punktzahl vier). Sie können sich den Teil heraussuchen, der die gleiche Anzahl der Punkte trägt. Das Gesicht darf dann genommen werden, wenn das Kind das erste Mal die leere Würfelfläche wirft. Später erhält es beim Wurf der leeren Fläche nichts mehr.

Jedem Kind wird nur eine bestimmte Zeit gegeben; hat es in dieser Zeit den entsprechenden Teil nicht gefunden, geht das Spiel weiter.

Wer zuerst alle Teile aufgelegt und damit seinen Hampelmann vollständig hat, ist der erste Gewinner. Das Spiel kann dann noch weitergeführt werden, bis die nächsten Kinder fertig sind. Auch diese Kinder bleiben im

Spiel und können mitwürfeln – sie treten dann anderen Kindern ihre Möglichkeiten ab. (Zum Beispiel fehlt Monika immer noch ein Arm des Hampelmannes. Jürgen hat beschlossen, ihr zu helfen; wenn er nun eine 2 würfelt, darf Monika den Arm legen.)

Varianten: a) 2 Kinder spielen zusammen (haben gleichfarbige Hampelmänner aufzulegen) und können sich die erwürfelten Punkte abgeben, wenn sie selbst die Teile mit der erwürfelten Anzahl schon haben. Das Spiel geht hier schneller weiter. Gewonnen hat die Spielgruppe dann, wenn beide Kinder ihren Hampelmann fertig aufgelegt haben.

Gegenseitiges Helfen und Freudebereiten werden hierbei besonders gefördert.

b) Jedes Kind, das die Anzahl der Teile, die es schon aufgelegt hat, benennen kann (zum Beispiel: „Ich habe schon 4 Teile des Hampelmanns aufgelegt"), darf, wenn es eine für sich unverwendbare Punktzahl geworfen hat, noch einmal würfeln.

c) Jedes Kind hat alle Teile seines Hampelmanns linear vor sich liegen. Wenn es nun zum Beispiel eine 3 würfelt, darf es den *3. Teil* auflegen. In die entstandene Lücke darf es einen beliebigen anderen Teil legen. Hierbei sind Teile zu verwenden, die *keine Punkte* haben. Die Gesichter der Hampelmänner sind immer nur zu legen, wenn eine leere Fläche gewürfelt wird.

Bei dieser Variante wird besonders der Ordnungscharakter der Zahl geübt. Die Erzieherin kann auch verlangen, daß das Kind, ehe es auflegt, laut sagen muß, der wievielte Teil *vor* und der wievielte *nach* dem erwürfelten kommt.

Fällt es den Kindern schwer, die als Hampelmann angeordneten Teile zu zählen, dann sollte man sie immer veranlassen, die Teile einmal linear aufzulegen. Dadurch ist die natürliche Reihe der Zahlen wieder erkenntlich, und das Kind löst die Aufgabe sicher und mühelos, erlebt aber zugleich, daß auch bei verschiedener Anordnung die abgezählte Menge immer die gleiche ist.

Dieses Spiel ist sehr variabel zu gestalten, es kann nach Klopfzeichen oder musikalischen Signalen gelegt werden. Die Anzahl der Punkte kann ausgerufen werden, wenn die Erzieherin allein würfelt und die Farbe dazu nennt.

*Gegenstände legen**

Aufgabe: Die Kinder lernen, mit einer bestimmten Menge von Stäbchen Gegenstände oder einen Sachverhalt darzustellen.

Material: für jedes Kind 10 Legestäbchen einer Größe, später Zusatzmaterial für die Darstellung der Geschichte.

Spielverlauf: Die Erzieherin zeigt den Kindern, wie man zum Beispiel aus 3 Stäbchen einen Tisch legen kann. Sie fordert die Kinder auf, ebenfalls 3 Stäbchen abzuzählen und einen Tisch zu legen.
Danach stellt sie nur die Aufgabe, zum Beispiel: „Legt mit 4 Stäbchen einen Tisch (einen Kasten, einen Besen)." Die Kinder lösen die Aufgabe selbständig, die Erzieherin kontrolliert, ob die richtige Stäbchenzahl verwendet wurde.

Wenn diese Übungen den Kindern geläufig sind, kann die Erzieherin eine kleine Geschichte erzählen, in der die von den Kindern bereits schon einmal gelegten Gegenstände vorkommen. Die Kinder müssen aufpassen und während des langsamen Sprechens die entsprechenden Gegenstände legen. Die Erzieherin betont die Gegenstände, die dargestellt werden sollen. Jedes Kind erhält etwa 20 Stäbchen (verschiedene Längen) und Zusatzlegeteile, zum Beispiel Räder (runde Legetäfelchen). Beispiel:
„Der Lokführer stand am Morgen auf, zog sich an und setzte sich auf den *Stuhl* am *Tisch*, um zu frühstücken. Dann stieg er die Treppe hinab und ging zum Bahnhof. Er wartete, bis *drei Waggons* an die *Lokomotive* gekoppelt waren. Dann stieg er ein und fuhr mit dem Zug ab."
Bei den betreffenden Worten kann auf den Tisch geklopft und damit angezeigt werden, aus wieviel Teilen der Gegenstand gelegt werden darf. Oder der erste Gegenstand der Geschichte wird mit einem Legetäfelchen, der zweite mit zwei Legetäfelchen usw. gelegt. Beispiel:
„Inge wollte der Mutter beim Abtrocknen helfen. Ein *Teller* zerbrach und zersprang in zwei *Teile*. Inge weinte und setzte sich auf den *Stuhl*. Nachdem die Mutter sie getröstet hatte, nahm sie ihren *Wagen*, ging die *Treppe* hinunter am *Gartenzaun* vorbei und setzte sich mit ihrer Puppe unter einen *Baum*."
Die Regel kann auch lauten, daß das erste Kind (es wird an den jeweiligen Tischen bestimmt) den ersten Gegenstand legt, das zweite Kind den zweiten usw. Damit entsteht an einem Tisch reihum die fortlaufende Geschichte.

Das neue Haus

Aufgabe: Die Kinder üben, von einer größeren Menge abzuzählen und den Charakter der Zahl zu bestimmen. Sie müssen die Begriffe „kurz" und „lang" schnell und sicher anwenden. Sie vertiefen ihre Farbkenntnisse.

Umrißformen werden gelegt und dabei auch geometrische Begriffe verwendet.

Material: für jedes Kind 6 lange und 4 bis 5 kurze kantige Stäbchen von gleicher oder verschiedenartiger Farbe. Ein größeres Kästchen, das alle Stäbchen fassen kann. Für jedes Kind eine Umrandung (Schirm) aus einem halben DIN-A 4-Bogen, der durch 2 Kniffe in 3 Felder geteilt ist. Spielmarken, die nicht die Farben der Stäbchen haben (evtl. weiß oder golden). – Für Variationen schwarze Strafmarken.

Spielverlauf: 10 bis 12 Mitspieler. Aus dem in der Mitte des Tisches stehenden größeren Kästchen entnehmen die Kinder die vom Spielleiter genannten Stäbchen (lange und kurze) und legen sie in linearer Reihe vor sich hin.

Der Spielführer gibt die folgenden Schritte an: „Nehmt aus dem Kästchen 3 lange Stäbchen." „Zählt eure Stäbchen!" (Kinder zählen nach linearem Auflegen.) „Stellt euren Schirm auf, und jedes Kind legt ein Dach." Wer fertig ist, hebt seinen Schirm, und die ausgelegte Form wird angesehen. Wenn das Kind, das zuerst fertig war, für die Form noch das Wort „Dreieck" findet, erhält es eine Spielmarke. Alle Kinder legen die Stäbchen in die Mitte zurück.

Spielführer: „Nehmt aus dem Kästchen 6 lange Stäbchen." (Kinder tun es.) „Legt die Stäbchen aus, und zählt sie." „Stellt euren Schirm auf – jedes Kind legt ein Häuschen!" Alle 6 Stäbchen müssen verwendet werden.

Das Spiel geht weiter wie vorher. Immer wieder werden die Stäbchen nach dem Legen der Form in die Mitte getan und immer wieder nach Angabe des Spielleiters in der genannten Anzahl entnommen. Nun werden weitere Formen verlangt, wie Fenster – Türen – Treppen – Stuhl – Tisch – Schrank – Baum vor dem Haus – Zaun am Garten – Rechen für den Garten – Handwagen für den Garten (2 Ringe mitverwenden).

Es können noch viele Formen gefunden werden. Der Spielführer erklärt das Spiel nach einiger Zeit für beendet. Nun werden die Spielmarken gezählt. Wer die meisten auflegen kann, ist der beste Stäbchenleger.

Varianten: a) Die Kinder können sich die Anzahl und die Länge der Stäbchen selbst wählen, nachdem der Spielführer angesagt hat, welche Form gelegt werden soll. Bedingung ist, daß alle entnommenen Stäbchen auch verwendet werden. Wer zuviel oder nicht passende Stäbchen entnommen hat, bekommt eine Strafmarke (schwarz). Wer bei Beendigung des Spiels die wenigsten schwarzen Marken hat, ist der beste Formenleger.

b) Jedes Kind erhält eine bestimmte Anzahl verschieden langer Stäbchen zugeteilt (6 lange und 4 kurze oder auch eine andere Zusammenstellung). Der Spielführer sagt nun an, was gelegt werden soll (Gegenstände oder auch Sternformen), und die Kinder bemühen sich, alle ihre Stäbchen sinn-

voll auszulegen. Hierbei spielen wieder 2 Kinder zusammen, die sich gegenseitig Stäbchen abgeben oder sich bei der Vervollständigung der Formen gegenseitig raten oder helfen können. Sie arbeiten hinter einem größeren Schirm.
Regel: Niemand darf hinter den Schirm der anderen Kinder schauen, bevor das erste Kind fertig ist.

*Bei wem ist etwas entstanden?**

Aufgabe: Die Kinder üben, sich auf der Fläche zu orientieren, lernen Begriffe wie „links“, „rechts“, „oben“, „unten“ und vertiefen einige Zahlbegriffe. Aufmerksamkeit und Genauigkeit werden verlangt.
Material: Stifte, gekästeltes Papier.
Spielverlauf: Alle Kinder müssen auf einem gekästelten Blatt Papier nach Diktat der Erzieherin Linien ziehen, von einem gekennzeichneten Punkt (roter Punkt), bei allen Kindern auf der gleichen Stelle, wird ausgegangen. Wenn alle Angaben richtig ausgeführt und die Hinweise über bestimmte Richtungen beachtet sowie die Kästchen richtig gezählt werden, entsteht ein schönes Bild oder Muster. Dadurch kann der Gewinner ermittelt werden.
Das Spiel kann auch als Einzelbeschäftigung durchgeführt werden. Eine Vorlage wird als Aufgabenkärtchen benutzt.

Pinkepank, wo steht der Schrank?

Aufgabe: Es werden die Begriffe „unten“ und „oben“ gefestigt.
Spielverlauf: Die Erzieherin bildet zwei Fäuste und steckt in die eine Faust einen kleinen Gegenstand. Sie sagt: „Pinkepank, wo steht der Schrank, unten oder oben?“, indem sie die Fäuste abwechselnd aufeinandersetzt. Der Reihe nach raten die Kinder und zeigen dabei auf die obere oder untere Faust. Wer richtig geraten hat, spielt weiter und läßt das nächste Kind raten.

Suche das Fähnchen!

Aufgabe: Die Kinder lernen, sich nach Richtungsangaben zu orientieren, und vertiefen Zahl- und Raumbegriffe.
Spielverlauf: Die Erzieherin versteckt zusammen mit den Kindern ein Fähnchen. Dem suchenden Kind werden Anhaltspunkte zur Orientierung und Richtungsbestimmung gegeben, beispielsweise: „Geh bis zur Bank, wende dich nach rechts, suche den kleinen Weg, gehe bis zur Biegung,

dann links, und nun suche!" Oder: „Gehe einen Schritt vorwärts, 3 große Schritte rechts seitwärts, einen Schritt zurück" usw. Die Spielführung wird später von einem Kind übernommen, das die Richtung angibt.

*Gorodki**

Aufgabe: Die Kinder lernen, sich räumlich zu orientieren und die Begriffe „rechts", „links", „rückwärts", „vorwärts", „neben", „hinter" und Zahlbegriffe anzuwenden.
Spielverlauf: Auf dem Boden wird ein großes Quadrat, das aus 16 kleineren besteht, wobei jede Seite 40 bis 50 cm lang ist, eingeritzt oder aufgezeichnet. In eins dieser Quadrate stellt die Erzieherin ein Fähnchen oder irgendein anderes Spielzeug. Ein Kind beginnt das Spiel. Es wählt sich das Quadrat, das ihm am nächsten ist. Die Erzieherin bestimmt die Art und Weise der Züge, zum Beispiel: „Rechts durch das eine Quadrat, jetzt eins weiter nach rechts, nun ein Quadrat vorwärts, eins nach rechts seitwärts" usw. Wenn das Kind aufmerksam ist, kommt es dadurch bis zu dem Fähnchen, wenn es sich aber in den Bezeichnungen nicht auskennt, erreicht es das Fähnchen nicht. Die Erzieherin kann das Kind auch necken und es nicht gleich direkt bis zum Fähnchen führen.
Wenn die Kinder selbständig spielen, bezeichnet jedes Kind seinen Weg, zum Beispiel: „Ich gehe ein Quadrat nach vorn, gehe in das Quadrat rechts neben mir" usw. Später kann auch auf den Linien gegangen werden. Insgesamt darf man bei den „Gorodki" sechs Züge tun; da man aber das Fähnchen in ein beliebiges Quadrat stellen kann, lassen sich also auch die Bedingungen für die Züge ändern. Die Kinder sollen sich nicht nur auf die eigene Aufgabe konzentrieren, sondern auch aufpassen, wie die anderen Kinder zum Ziel gelangen.

Alphabetisches Spielverzeichnis und Quellennachweis

Literatur für Kindergarten und Vorschule

Evelyn Sharp

Denken — ein Kinderspiel

40 Spiele, die das logisch-mathematische Denken bei kleinen Kindern anregen und fördern
Mit einem Vorwort von Patrick Suppes
1970, 148 S., kart. 8,– (92710)

Margrit Küntzel-Hansen

Unser Kind erlebt Musik

Möglichkeiten zur Förderung der musikalischen Entwicklung im Vorschulalter
1970, 119 S., zahlr. Zeichnungen und Notenbeispiele, kart. 9,50 (92516)

Adolf Lipp

Unser Kind lernt lesen

2. Auflage 1969, 72 S., kart. 4,80 (92540)

Gertrud-Marie Brumme

Muttersprache im Kindergarten

Lizenzausgabe des VEB, Volk und Wissen, Berlin
1970, 250 S., kart. 14,50 (92593)

Die Natur

erlebt und beobachtet mit Vorschulkindern

Lizenzausgabe des VEB, Volk und Wissen, Berlin
1970, 291 S., Linson 19,50 (92613)

Gisela Hundertmarck

Soziale Erziehung im Kindergarten

3. Auflage 1971, 138 S., kart. 9,50 (92405)

Fred M. Hechinger (Hrsg.)

Vorschulerziehung

als Förderung sozial benachteiligter Kinder
Aus dem Amerikanischen von W. Kirst
2. Auflage 1971, 122 S., kart. 9,50 (92350)

Preise: Stand Januar 1971